STUART SIM &
BORIN VAN LOON

# ENTENDENDO: TEORIA CRÍTICA



*Entendendo* é uma premiada coleção de livros ilustrados sobre os pensadores e os temas mais importantes da história. Aborda teorias fundamentais de diversos campos de estudo, tais como filosofia, psicologia, ciências, política, religião, estudos culturais e linguística. Cada livro é escrito por um reconhecido especialista do assunto e ilustrado por um artista gráfico. De forma agradável, a coleção oferece informações úteis e objetivas para leitores que tanto buscam um primeiro contato, como desejam adquirir um conhecimento conciso sobre o assunto.

TRADUÇÃO: ROSÁLIA MUNHOZ

LeYa

Título original: *Introducing Critical Theory*

*Diretor editorial:* Pascoal Soto
*Editora executiva:* Tainã Bispo
*Produtoras editoriais:* Fernanda S. Ohosaku, Renata Alves e Maitê Zickuhr

*Preparação:* Carolina Costa
*Revisão:* Maria Luiza Almeida e Eliane Usui
*Capa e diagramação:* Vivian Oliveira

Dados Internacionais de Catalogação na Publicação (CIP)
Angélica Ilacqua CRB-8/7057

Sim, Stuart
Entendendo teoria crítica / Stuart Sim, Borin Van Loon; tradução de Rosália Munhoz. – São Paulo : LeYa, 2013.
176 p. : il. (Entendendo)

ISBN 978-85-8044-829-0
Título original: Introducing – Critical Theory

1. Teoria Crítica 2. Filosofia Marxista 3. Teoria do todo 4. Marxismo I. Título II. Van Loon, Borin III. Munhoz, Rosália IV. Série

13-0518 CDD 320.5315

Índices para catálogo sistemático:
1. Crítica Marxista - filosofia

2013
TEXTO EDITORES LTDA.
[Uma editora do Grupo LeYa]
Rua Desembargador Paulo Passaláqua, 86
01248-010 – São Paulo – SP – Brasil
www.leya.com.br
Twitter: @EditoraLeya

# A TEORIA DO TODO

Teoria tornou-se uma das áreas de maior expansão em análise cultural e na esfera acadêmica nas últimas décadas. Atualmente é dado como certo que ferramentas teóricas podem ser aplicadas, por exemplo, ao estudo de textos, sociedades ou relações de gênero.

O FENÔMENO DOS "ESTUDOS CULTURAIS" EM GERAL, UMA DAS HISTÓRIAS DE MAIOR SUCESSO DA INVESTIGAÇÃO INTERDISCIPLINAR, É BASEADO APENAS NESSA HIPÓTESE.
QUALQUER ÁREA DE NOSSA CULTURA PODE SER SUBMETIDA À APLICAÇÃO DAS TEORIAS MAIS RECENTES.
A MAIS NOVA HIPÓTESE LANÇADA É A DE QUE A APLICAÇÃO DE TAIS TEORIAS LEVARÁ A UMA EXPANSÃO SIGNIFICATIVA NA COMPREENSÃO DE COMO A NOSSA CULTURA FUNCIONA.

# A GRANDE NARRATIVA DO MARXISMO

A motivação desse desenvolvimento pode ser rastreada até o surgimento do marxismo. **Karl Marx** (1818-1883) e seus seguidores nos legaram uma teoria abrangente, ou "grande narrativa", como é mais comumente mencionada atualmente.

FOI NO TEMPO EM QUE VAN LOON FEZ UM NOVO RETRATO DE MIM...
PODE-SE ANALISAR E FAZER JUÍZOS DE VALOR SOBRE QUALQUER FENÔMENO CULTURAL: LITERATURA, ARTE, MÚSICA, SISTEMAS POLÍTICOS, ESPORTE, RELAÇÕES RACIAIS, ETC.

Culturas inteiras podem ser vistas sob o microscópio da teoria marxista. Ela forma um paradigma do modo como qualquer teoria crítica em geral funciona. Artefatos culturais são testados em contraste com uma dada projeção do mundo como é, ou deveria ser, construído.

## A política da crítica

Uma das críticas opostas à teoria crítica afirma que esta é uma "metafísica alternativa", promovendo uma visão de mundo específica e, pelo menos implicitamente, uma política em particular. Não existe nada de intrinsicamente errado em tal procedimento, desde que fique claro o que tal metafísica ocasiona. O que ela está tentando alcançar? Pode-se, então, aceitar ou rejeitar sua programação.

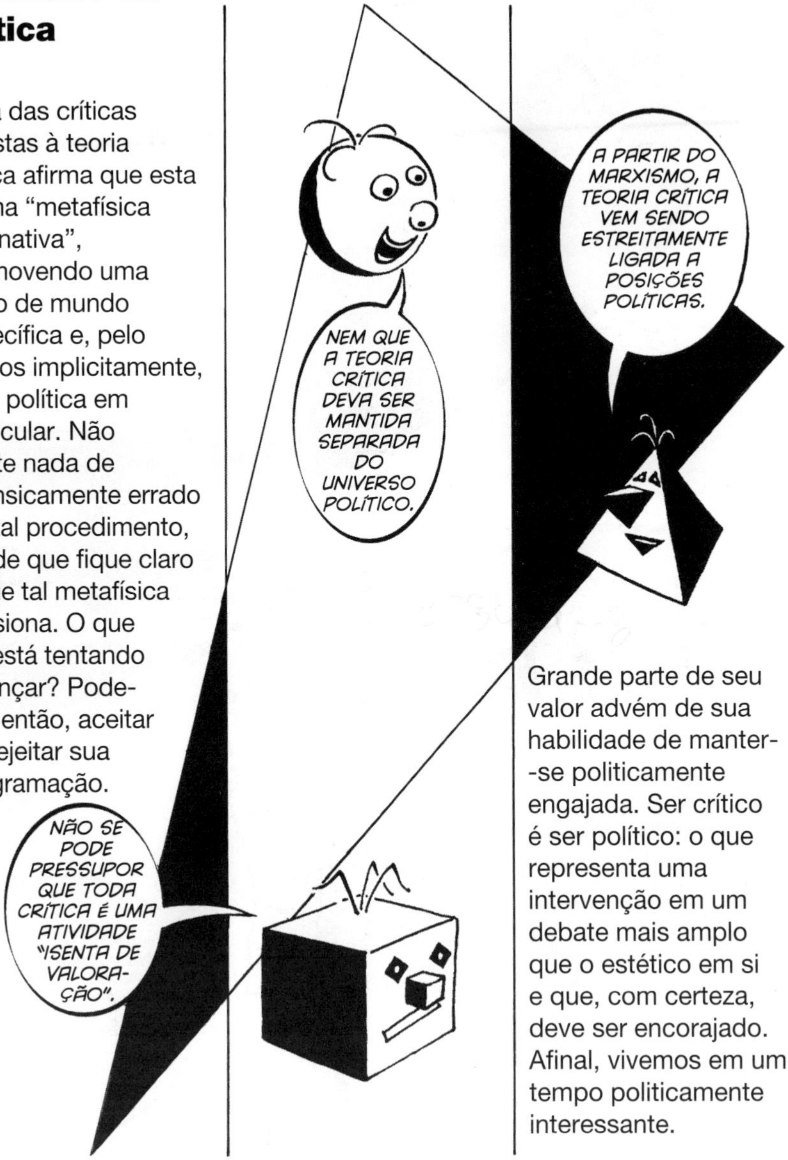
NÃO SE PODE PRESSUPOR QUE TODA CRÍTICA É UMA ATIVIDADE "ISENTA DE VALORA-ÇÃO".
NEM QUE A TEORIA CRÍTICA DEVA SER MANTIDA SEPARADA DO UNIVERSO POLÍTICO.
A PARTIR DO MARXISMO, A TEORIA CRÍTICA VEM SENDO ESTREITAMENTE LIGADA A POSIÇÕES POLÍTICAS.

Grande parte de seu valor advém de sua habilidade de manter-se politicamente engajada. Ser crítico é ser político: o que representa uma intervenção em um debate mais amplo que o estético em si e que, com certeza, deve ser encorajado. Afinal, vivemos em um tempo politicamente interessante.

# A ABORDAGEM SINTÉTICA OU DA PEGA-RABUDA

O século XX viu o desenvolvimento de uma ampla gama de teorias analíticas.

ESTRUTURALISMO
PÓS-ESTRUTURALISMO
PÓS-MODERNISMO
1 TON
DESCONSTRUÇÃO
MATERIALISMO CULTURAL
FEMINISMO
TAIS TEORIAS TÊM SIDO ADOTADAS POR DIVERSOS MOVIMENTOS PARA AUXILIAREM NA PROMOÇÃO DE UM PROGRAMA POLÍTICO, COMO NO CASO DA TEORIA QUEER (DESIGNAÇÃO PEJORATIVA PARA HOMOSSEXUAIS QUE SIGNIFICA ALGO COMO "BICHA") E DO CRITICISMO NEGRO.

O analista cultural pode escolher ou misturar elementos do catálogo de teorias para reunir modelos sintéticos, independentemente de qual seja seu objetivo.

O FEMINISMO PODE SER CRUZADO COM O MARXISMO OU A DESCONSTRUÇÃO; O MARXISMO COM O PÓS-MODERNISMO, PÓS-ESTRUTURALISMO OU PÓS--COLONIALISMO, E POR AÍ VAI, EM UMA VARIEDADE DE PERMUTAÇÕES.
PÓS--PÓS--COLONIALISMO

Com exceção dos mais devotados entusiastas de movimentos específicos, a maioria dos críticos tende a operar do mesmo modo que as pega-rabudas nos dias atuais, selecionando um bocado de uma teoria e um pouco de outra para sua própria abordagem personalizada.

A SIMPLES PROFUSÃO DE TEORIAS COM QUE SOMOS CONFRONTADOS PROPICIA ESSE TIPO DE EXPERIMENTO.
O MUNDO TEÓRICO ATUAL É, EM GRANDE MEDIDA, UM MERCADO DE CONSUMIDORES.

# TRAZENDO A TEORIA À TONA

Ser um crítico hoje em dia, em especial na esfera acadêmica, também é ser um teórico – como qualquer estudante de humanidades ou ciências sociais perceberá muito penosamente.

NÃO SE ESTUDA MAIS "LITERATURA", E SIM LITERATURA MAIS TODA A GAMA DE TEORIAS CRÍTICAS USADAS PARA CONSTRUIR A LEITURA DAS NARRATIVAS.
O MESMO SE APLICA À HISTÓRIA DA ARTE, AOS ESTUDOS DE MÍDIA, À SOCIOLOGIA E ASSIM POR DIANTE, EM HUMANIDADES E CIÊNCIAS SOCIAIS.
OS ESTUDOS CULTURAIS ABRANGEM MUITAS DESSAS DISCIPLINAS.

Como chegamos aos juízos de valor, e, na verdade, se **podemos** alcançar juízos de valor, é uma reflexão ao menos tão importante quanto **o que** são os juízos de valor em si.

# AGENDAS OCULTAS E IDEOLOGIAS

Claro, as teorias sempre operaram "sob a superfície", antes do desenvolvimento do termo "teoria crítica" em si, mas elas eram em geral mais implícitas do que explícitas.

ESSE ERA O CASO DE HIPÓTESES ANTES ACEITAS COMO VERDADEIRAS EM VEZ DE USADAS DE MODO AUTOCONSCIENTE.
LIBERAIS HUMANISTAS TENDIAM A ASSUMIR O "PODER ENOBRECEDOR" DA ALTA LITERATURA, POR EXEMPLO; OS NOVOS CRÍTICOS DOS ANOS 1940 E 1950 ASSUMIAM QUE OS ARTEFATOS LITERÁRIOS SE CARACTERIZAVAM COMO UMA "UNIDADE ORGÂNICA" - QUANTO MAIOR A NATUREZA DA UNIDADE ORGÂNICA, MAIS SIGNIFICATIVA A OBRA.
"HIPÓTESES TIDAS COMO RECONHECIDAS" SÃO MUITO BOAS E DISPONÍVEIS PARA A DEFINIÇÃO DE IDEOLOGIA.

# REFLEXIVIDADE TEÓRICA

Autoconsciência ou "reflexividade", como nós a chamamos agora, na aplicação da teoria, é o que define a atual situação das várias disciplinas das humanidades e ciências sociais. Um estudante preparando uma dissertação ou tese irá, normalmente, ser aconselhado a definir, antes de mais nada, o modelo teórico que está sendo usado antes de empreender a tarefa de análise em si.

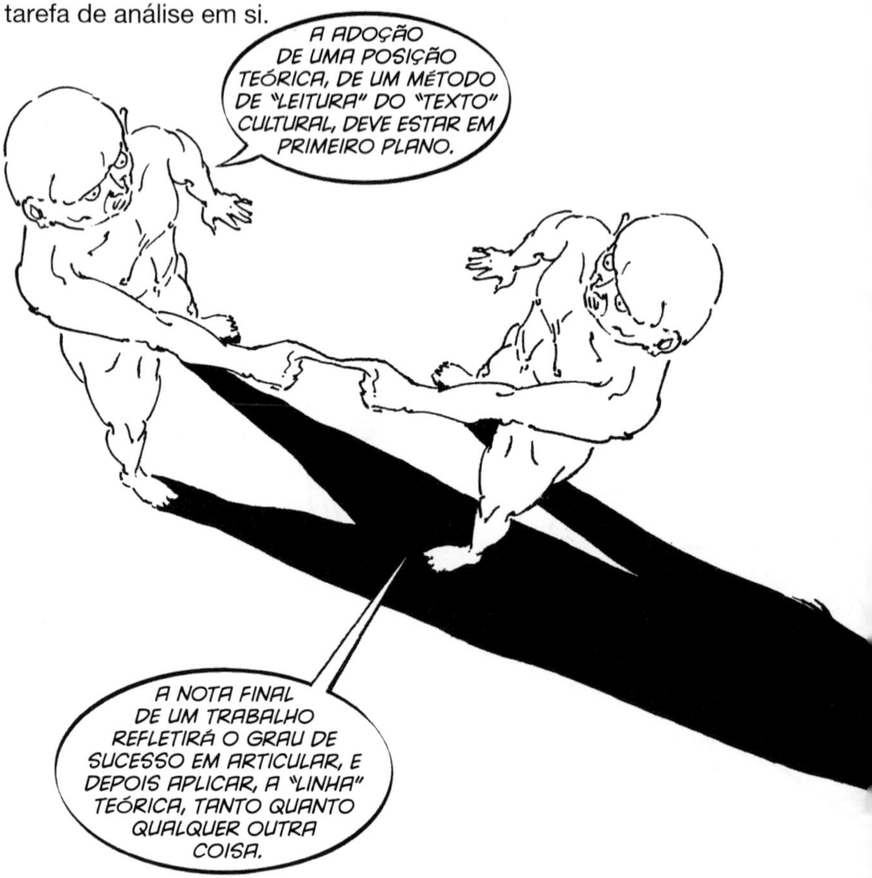
A ADOÇÃO DE UMA POSIÇÃO TEÓRICA, DE UM MÉTODO DE "LEITURA" DO "TEXTO" CULTURAL, DEVE ESTAR EM PRIMEIRO PLANO.
A NOTA FINAL DE UM TRABALHO REFLETIRÁ O GRAU DE SUCESSO EM ARTICULAR, E DEPOIS APLICAR, A "LINHA" TEÓRICA, TANTO QUANTO QUALQUER OUTRA COISA.

A última coisa de que se quer ser acusado em tais situações é de "inconsistência teórica" – desse modo, recebe-se notas baixas. O estudante bem-sucedido em educação superior chega a conclusões informadas teoricamente em ensaios e exames, e pode mostrar com precisão como a teoria chegou a tais conclusões.

# ESTUDOS EM CIÊNCIA: O MODELO DO PARADIGMA

Mas não só nas humanidades e ciências sociais a teoria crítica é empregada. Nas ciências exatas também foram infiltradas até certo ponto. A ciência como um fenômeno social é, com certeza, um alvo para a teoria crítica. Um fundador dos "estudos de ciência" bem conhecido é o historiador e filósofo das ciências **Thomas Kuhn** (1922-1996).

A HISTÓRIA CIENTÍFICA CONSISTE EM UMA SÉRIE DE "REVOLUÇÕES CIENTÍFICAS", CADA UMA DELAS CONSTITUINDO UM NOVO "PARADIGMA" DE PENSAMENTO E PRÁTICA INCOMENSURÁVEL PELO ANTIGO.
Kuhn
A CIÊNCIA RETRIBUIU O CUMPRIMENTO FORNECENDO À TEORIA CRÍTICA TODA UMA NOVA GAMA DE CONCEITOS CRÍTICOS QUE ACRESCENTASSE A SEU REPERTÓRIO.

Como qualquer outra atividade social, a ciência é um tópico legítimo para o crítico teórico explorar.

## PÓS-MODERNISMO E CIÊNCIA

O pós-modernismo e o pós-estruturalismo, por exemplo, usaram livremente o desenvolvimento recente da física para reforçar sua visão de mundo, com ênfase na indecidibilidade, nas lacunas em nosso conhecimento, no fator pervasivo da diferença e nas limitações de nossa compreensão.

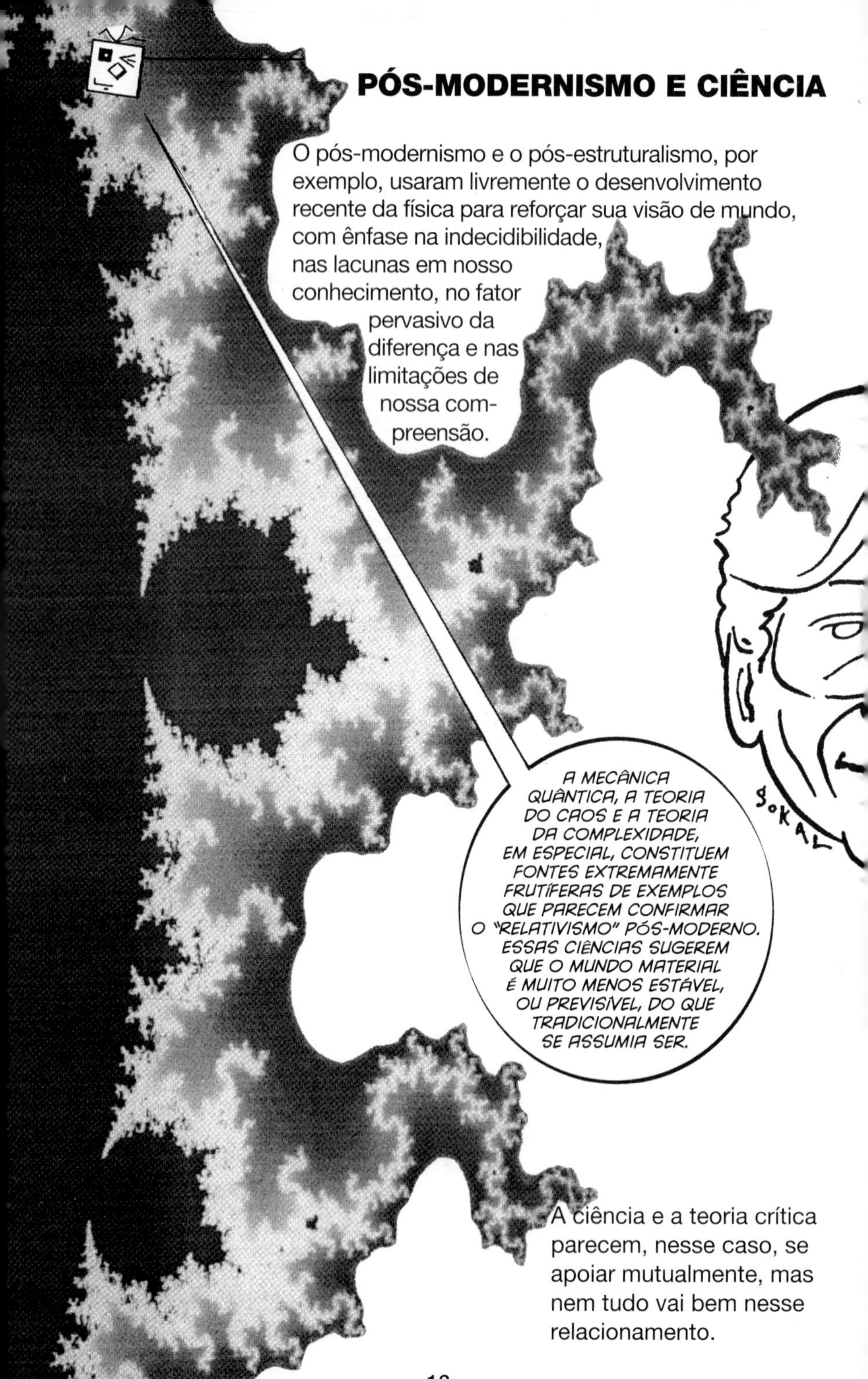
A MECÂNICA QUÂNTICA, A TEORIA DO CAOS E A TEORIA DA COMPLEXIDADE, EM ESPECIAL, CONSTITUEM FONTES EXTREMAMENTE FRUTÍFERAS DE EXEMPLOS QUE PARECEM CONFIRMAR O "RELATIVISMO" PÓS-MODERNO. ESSAS CIÊNCIAS SUGEREM QUE O MUNDO MATERIAL É MUITO MENOS ESTÁVEL, OU PREVISÍVEL, DO QUE TRADICIONALMENTE SE ASSUMIA SER.
SOKAL

A ciência e a teoria crítica parecem, nesse caso, se apoiar mutualmente, mas nem tudo vai bem nesse relacionamento.

## O CASO SOKAL

Em 1996, um artigo de **Alan Sokal** (n. 1955), um professor de física da Universidade de Nova York, surgiu no respeitado jornal de teoria crítica *Social Text*. Esse artigo, "Transgredindo as fronteiras: em direção a uma hermenêutica transformativa da gravitação quântica", argumentava a favor de uma ciência "libertária" pós-moderna, propondo um relativismo extremo, claramente lunático. Sokal havia tramado um embuste deliberado, mas os editores do periódico o aceitaram como uma pesquisa séria.

POR EXEMPLO, EU SUGIRO QUE O PI (π) NÃO É CONSTANTE E UNIVERSAL, MAS RELATIVO À POSIÇÃO DE UM OBSERVADOR, SENDO, PORTANTO, SUJEITO À "INELUTÁVEL HISTORICIDADE"...
...ISSO TINHA QUE TER ALERTADO, DE FATO, A SUSPEIÇÃO DE QUALQUER RESPONSÁVEL COMPETENTE!

Sokal imediatamente revelou sua piada para a imprensa e o escândalo se tornou notícia internacional de primeira página. O que Sokal estava tentando fazer?

# EM DEFESA DA GRANDE CIÊNCIA

A NOÇÃO DE UMA "CIÊNCIA PÓS-MODERNA" É COMPLETAMENTE ILÍCITA.

Sokal nos conta, em um livro publicado com Jean Bricmont, *Imposturas intelectuais. O abuso da ciência pelos filósofos pós-modernos* (1997), que a piada deliberada serviu para expor o abuso pretensioso e amadorístico da física recente por renomados teóricos franceses, como Derrida, Lyotard, Baudrillard e Kristeva. Sokal forneceu uma munição mortal para os fundamentalistas da "Grande Ciência" que rejeitavam qualquer indício de que a ciência venha a ser "socialmente construída".

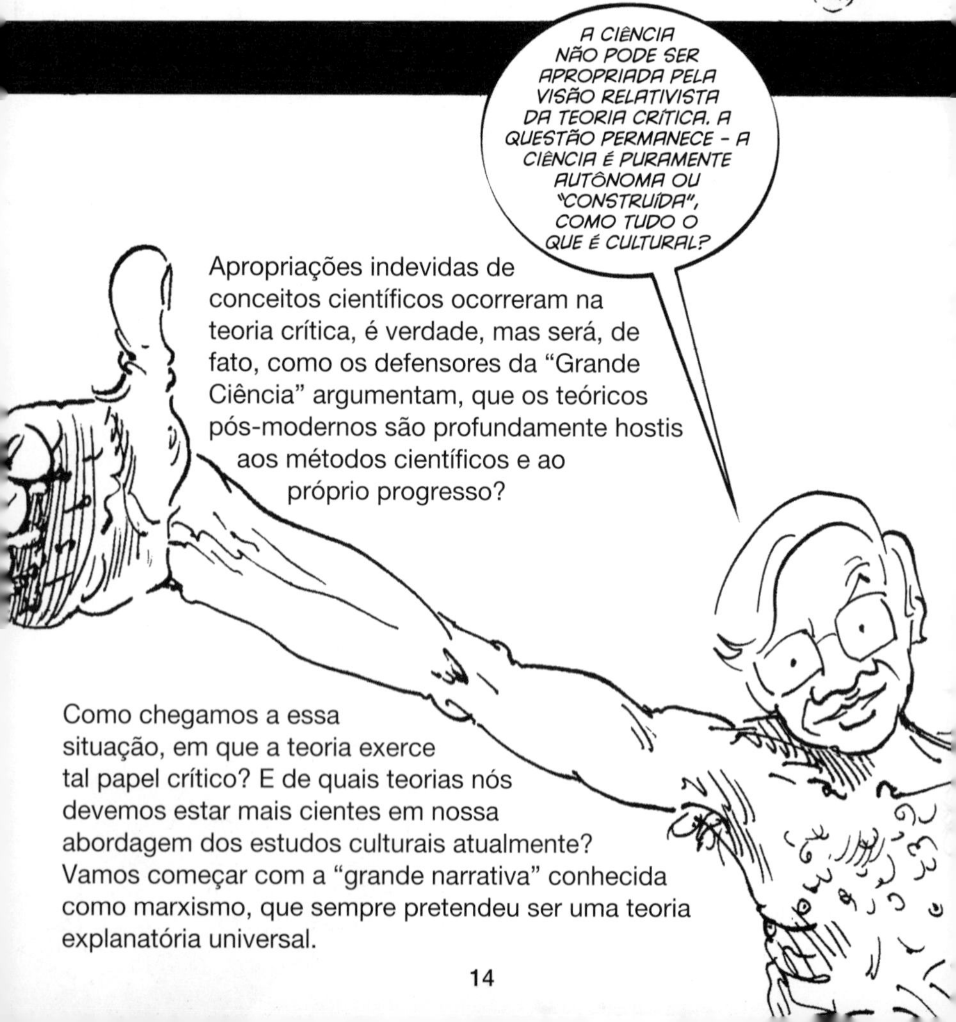

A CIÊNCIA NÃO PODE SER APROPRIADA PELA VISÃO RELATIVISTA DA TEORIA CRÍTICA. A QUESTÃO PERMANECE - A CIÊNCIA É PURAMENTE AUTÔNOMA OU "CONSTRUÍDA", COMO TUDO O QUE É CULTURAL?

Apropriações indevidas de conceitos científicos ocorreram na teoria crítica, é verdade, mas será, de fato, como os defensores da "Grande Ciência" argumentam, que os teóricos pós-modernos são profundamente hostis aos métodos científicos e ao próprio progresso?

Como chegamos a essa situação, em que a teoria exerce tal papel crítico? E de quais teorias nós devemos estar mais cientes em nossa abordagem dos estudos culturais atualmente? Vamos começar com a "grande narrativa" conhecida como marxismo, que sempre pretendeu ser uma teoria explanatória universal.

# MARXISMO

## Uma teoria "pau para toda obra"

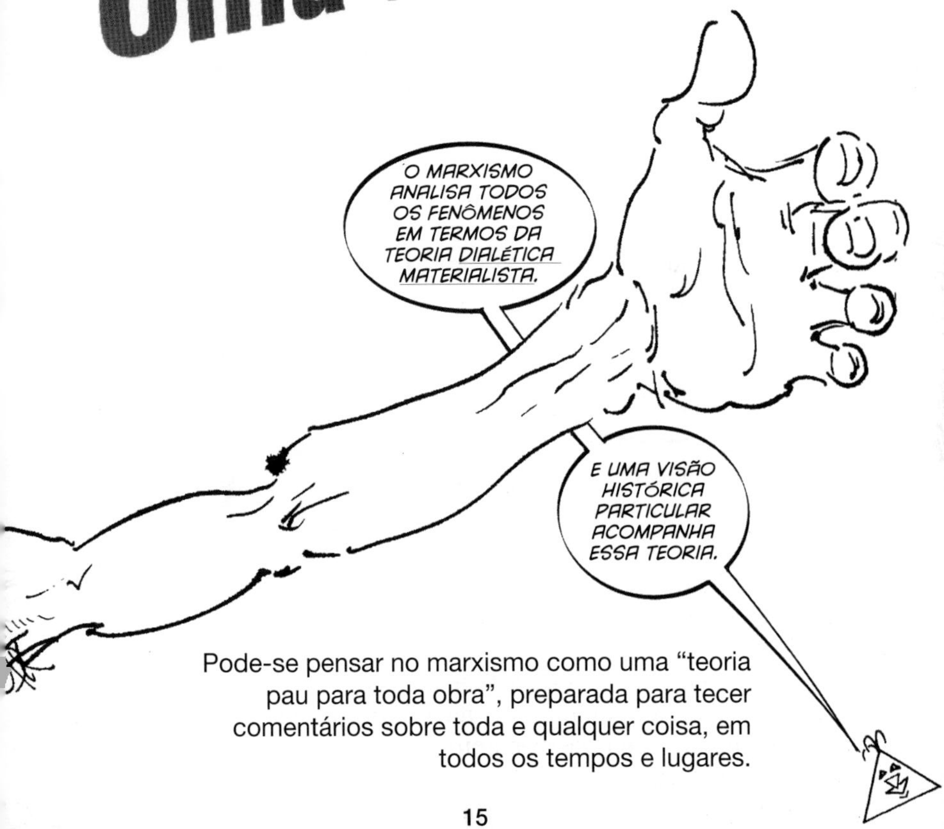

O MARXISMO ANALISA TODOS OS FENÔMENOS EM TERMOS DA TEORIA DIALÉTICA MATERIALISTA.
E UMA VISÃO HISTÓRICA PARTICULAR ACOMPANHA ESSA TEORIA.

Pode-se pensar no marxismo como uma "teoria pau para toda obra", preparada para tecer comentários sobre toda e qualquer coisa, em todos os tempos e lugares.

# ORIGENS DO MARXISMO

A fonte primária do materialismo dialético marxista se funda na filosofia idealista de **G. W. F. Hegel** (1770-1831). Hegel enriqueceu a teoria com um termo crucial, a **alienação**, que explica a inter-relação entre a **lógica** e a **História**. Em lógica, ela especifica a contradição latente em todo ato de pensar, significando que uma ideia inevitavelmente provoca uma ideia oposta. O objetivo de Hegel era resolver essa contradição pela própria **consciência**...

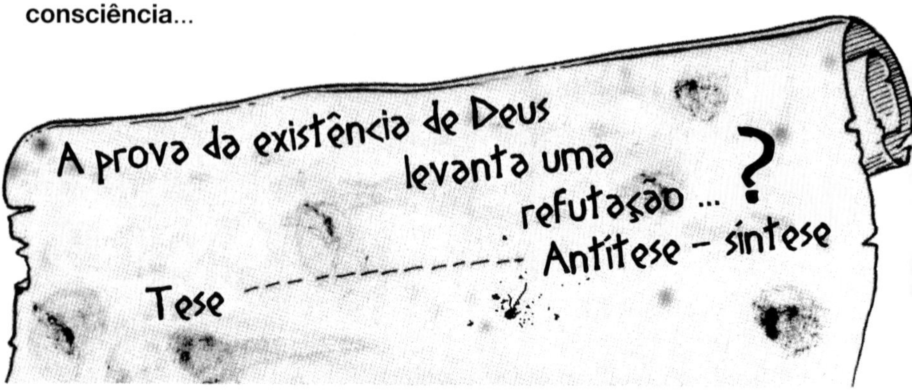
A prova da existência de Deus
levanta uma
refutação ... ?
Tese
Antítese - síntese

A CONSCIÊNCIA ENCAMINHA-SE, DESSE MODO, HISTORICAMENTE PARA UMA GRANDE SÍNTESE, EM UMA ESPIRAL ASCENDENTE E CONTÍNUA DE AUTORREALIZAÇÃO.

Nesse modelo, a alienação é **dialética**, ou seja, a inadequação de uma forma de consciência transforma-se em outra, e assim sucessivamente, até que se chegue a uma “ciência apropriada”.

# ESPÍRITO ABSOLUTO: A LÓGICA DA HISTÓRIA

Alienação é um processo pelo qual a mente – assim como a consciência de um tema (*tese*) – torna-se um objeto do pensar em si (*antítese*). Desse modo, a mente humana progride constantemente para o próximo estágio mais elevado de síntese e autoconsciência.

PARA A QUESTÃO - "QUAL O OBJETO DA HISTÓRIA?" - A RESPOSTA DE HEGEL É...
...A REALIZAÇÃO DO CONHECIMENTO ABSOLUTO.
Hegel

A história é a jornada do "espírito do mundo" em seu progresso através de uma série de estágios até alcançar a forma mais elevada de autorrealização, o **espírito absoluto**. Esse estágio havia sido atingido, do ponto de vista de Hegel, pelo estado da Prússia, em que ele servia como funcionário público (ou seja, como professor de filosofia na Universidade de Berlim).

# O MANIFESTO COMUNISTA

A dialética de Hegel é idealista. Marx deu a ela um fundamento materialista, ou seja, ele afastou a alienação da "mente autocontemplativa" para aproximá-la da **luta de classes** como história real da consciência em progresso.

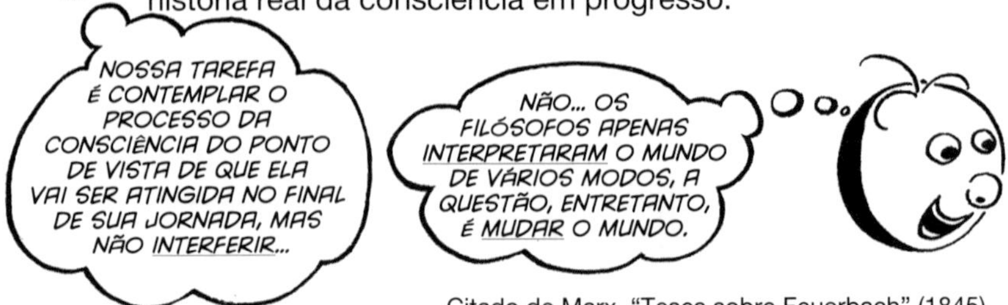
NOSSA TAREFA É CONTEMPLAR O PROCESSO DA CONSCIÊNCIA DO PONTO DE VISTA DE QUE ELA VAI SER ATINGIDA NO FINAL DE SUA JORNADA, MAS NÃO INTERFERIR...
NÃO... OS FILÓSOFOS APENAS INTERPRETARAM O MUNDO DE VÁRIOS MODOS, A QUESTÃO, ENTRETANTO, É MUDAR O MUNDO.

Citado de Marx, "Teses sobre Feuerbach" (1845).

A realização da filosofia – literalmente seu **fim** – para Marx é a derrota do capitalismo burguês pela classe operária industrial, e a fundação de uma sociedade comunista, que, por fim, abole a "contradição latente" entre o explorador e o explorado.

Manifest
der
Kommunistischen Partei.
London.

E esse é o programa que Marx lança em *O manifesto comunista* (1848).

A história de todas as sociedades existentes até hoje é a história das lutas de classes. Homem livre e escravo, patrício e plebeu, barão e servo, membro da corporação e aprendiz, em resumo, opressor e oprimido, estiveram em constante oposição, conduziram uma luta ininterrupta, ora oculta, ora aberta, uma luta que por vezes terminou em uma reconstrução revolucionária da sociedade como um todo ou na ruína comum das classes em contenda.

O CAPITALISMO RESUMIU O ANTAGONISMO DE CLASSES A DUAS GRANDES CLASSES HOSTIS - BURGUESIA CONTRA PROLETARIADO.
Engels
Marx

A luta é reduzida à posse **privada** dos meios de produção contra a **venda** da mão de obra dos trabalhadores para esse sistema capitalista de produção.

# OS MECANISMOS OCULTOS DA SOCIEDADE

COMO O CAPITALISMO "FUNCIONA"? A VERDADEIRA QUESTÃO (DIALÉTICA), PARA MARX, É: COMO O CAPITALISMO SE REPRODUZ E SE MANTÉM?
A RESPOSTA É: POR MEIO DE DOIS MECANISMOS NORMALMENTE CAMUFLADOS, OS QUAIS MARX OBJETIVA EXPOR E TRAZER À CONSCIÊNCIA REVOLUCIONÁRIA. O PRIMEIRO MECANISMO É O CONSUMISMO...
A PRODUÇÃO DE UM(A) TRABALHADOR(A)...
DEPENDE DE SUA REPRODUÇÃO.
TRABALHO, TRABALHO, TRABALHO...
ALIMENTO, ROUPAS E ABRIGO PARA A MINHA FAMÍLIA.

O segundo mecanismo é a **mais-valia**, por meio da qual a produção capitalista prospera em explorar mais tempo de trabalho do que o que é realmente pago. Essa é uma análise complexa, da qual precisamos reter apenas o essencial – a natureza oculta, camuflada ou **inconsciente** do sistema em funcionamento.

# INFRAESTRUTURA E SUPERESTRUTURA

Existe uma terceira estrutura oculta que é geral e fundamental para todas as sociedades, inclusive a capitalista. As sociedades são constituídas, sempre, de uma base econômica, ou **infraestrutura,** e uma **superestrutura**. A superestrutura abrange o todo *cultural* – religião, política, lei, educação, as artes, etc., – que é determinado por uma economia específica (escravista, feudalista, mercantilista, capitalista, etc.).

ENTENDA A SUPERESTRUTURA COMO IDEOLOGIA – UM MODO DE PENSAR CARACTERÍSTICO DO COMPORTAMENTO DE CLASSE (O QUE NÓS "TOMAMOS COMO DADO", COMO NATURAL)

A ideologia é literalmente *baseada* na infraestrutura econômica – os meios pelos quais ela **produz** a si mesma, sua riqueza, e quem **possui** tais meios de produção.

Mais uma vez, percebemos a insistência crítica de Marx quanto ao que está oculto: a religião, a política, as leis, etc. – o todo cultural que "conduz" nossas vidas – se disfarçam e transformam um meio econômico de produção artificial em perfeitamente natural.

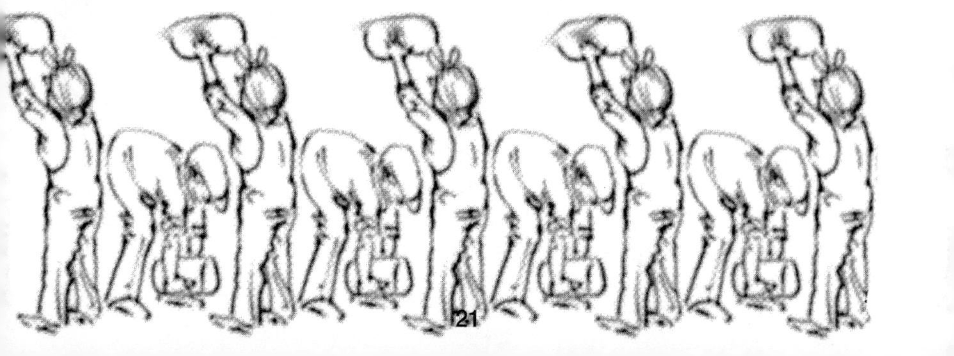

# DETERMINISMO ECONÔMICO

QUANTO E EM QUE GRAU A CULTURA É ECONOMICAMENTE DETERMINADA?

Do ponto de vista estrito, ou mais comumente chamado de "bruto", do marxismo, as ideologias da cultura (como a arte) são subprodutos determinados pela base econômica.

Tal questão tem sido uma fonte de debates considerável nos círculos marxistas. Alguns teóricos conjecturam que determinadas atividades na superestrutura – mais notavelmente as artes – talvez tenham uma "autonomia relativa" com relação à base.

TERIA UMA ECONOMIA BASEADA NO ESCRAVISMO "PRODUZIDO" DIRETAMENTE A ARTE GREGA?
NÃO É TÃO SIMPLES. É APENAS "EM ÚLTIMA INSTÂNCIA" QUE A ECONOMIA DITA AS ATIVIDADES DA SUPERESTRUTURA.

Mas o que, exatamente, significa "autonomia relativa" ou "em última instância"? Tais debates em teoria crítica são importantes para decidir se podemos simplesmente "ler" ou não os eventos na superestrutura segundo os eventos na estrutura econômica.

# O TEXTO OCULTO

UMA COISA ESTÁ CLARA, SE CAPTARMOS O FUNDAMENTO DA ANÁLISE MARXISTA - COMO REPRESENTADO NO ESQUEMA A SEGUIR -, VEREMOS COMO ELA ORIENTOU A TEORIA CRÍTICA A "EXAMINAR SOB A SUPERFÍCIE" DOS TEXTOS.

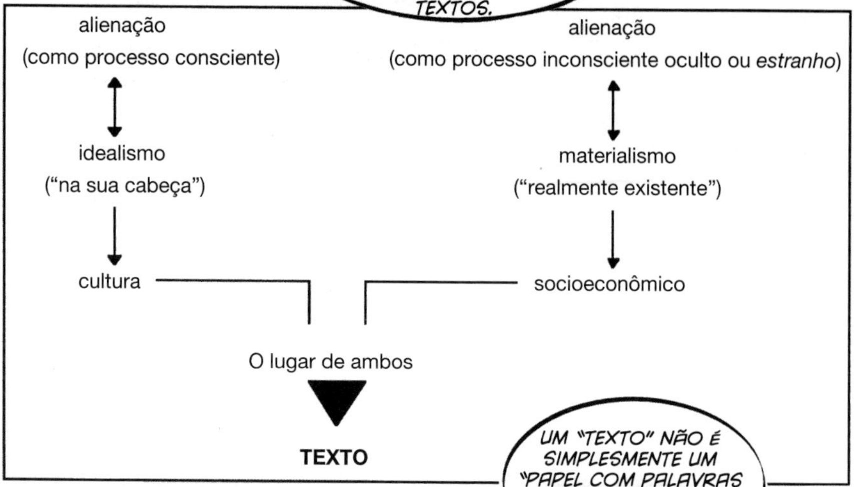
alienação
(como processo consciente)
idealismo
("na sua cabeça")
cultura
alienação
(como processo inconsciente oculto ou *estranho*)
materialismo
("realmente existente")
socioeconômico
O lugar de ambos
TEXTO

UM "TEXTO" NÃO É SIMPLESMENTE UM "PAPEL COM PALAVRAS ESCRITAS", MAS UMA "PRODUÇÃO CODIFICADA".

Note, primeiramente, que Marx deu um novo significado à alienação – não como o processo hegeliano de autoconsciência, mas como um **estranhamento** inconsciente de si mesmo, determinado pela condição de classe (= falsa consciência).

As heranças do marxismo na teoria crítica são:

1. Tensão entre idealismo e materialismo (a autonomia *versus* a construção social do texto).
2. Um inconsciente oculto ou camuflado.
3. Intervencionismo: uma sensação de que a teoria crítica *pode* fazer diferença.

# MAPEANDO AS ORIGENS DA TEORIA CRÍTICA

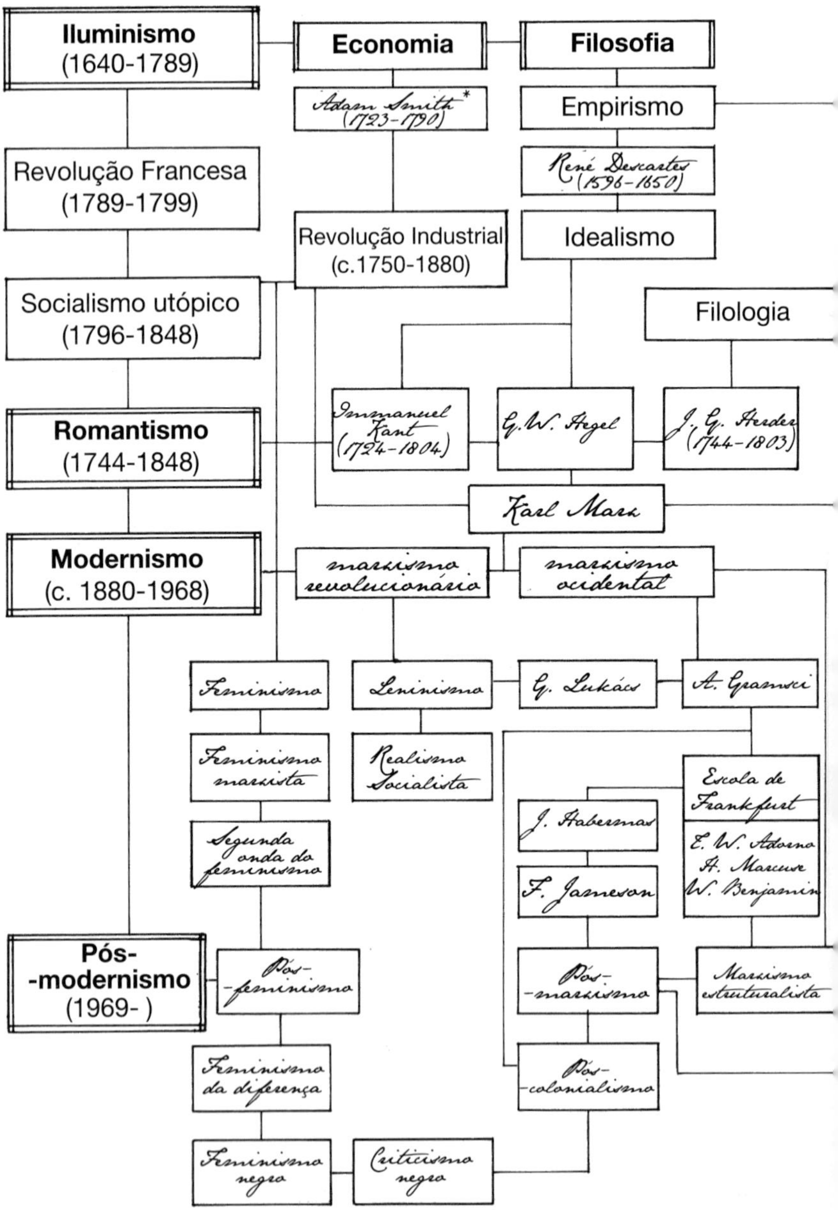


* *Os nomes pessoais dados no diagrama são de "figuras representativas".*

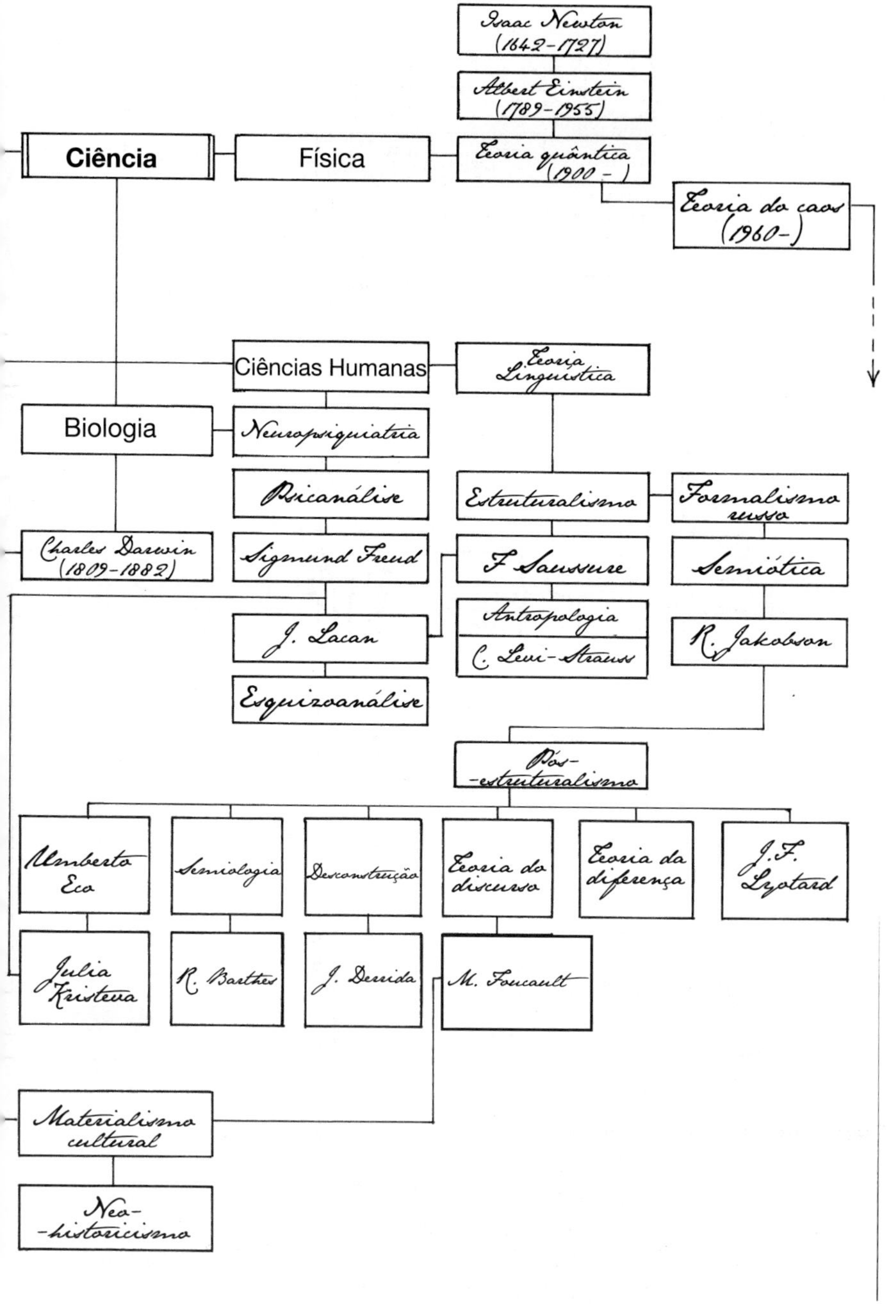
Isaac Newton (1642-1727)
Albert Einstein (1789-1955)
Ciência
Física
Teoria quântica (1900 - )
Teoria do caos (1960-)
Ciências Humanas
Teoria Linguística
Biologia
Neuropsiquiatria
Psicanálise
Estruturalismo
Formalismo russo
Charles Darwin (1809-1882)
Sigmund Freud
F. Saussure
Semiótica
J. Lacan
Antropologia
C. Levi-Strauss
R. Jakobson
Esquizoanálise
Pós-estruturalismo
Umberto Eco
Semiologia
Desconstrução
Teoria do discurso
Teoria da diferença
J.F. Lyotard
Julia Kristeva
R. Barthes
J. Derrida
M. Foucault
Materialismo cultural
Neo-historicismo

APESAR DE SEU APA-RENTE CARÁTER MONOLÍ-TICO...
ESCOLAS MARXISTAS

...o marxismo conseguiu gerar várias escolas distintas e opostas de teoria crítica. A questão de como a base econômica e a superestrutura interagem é, em geral, a fonte de tais desacordos.

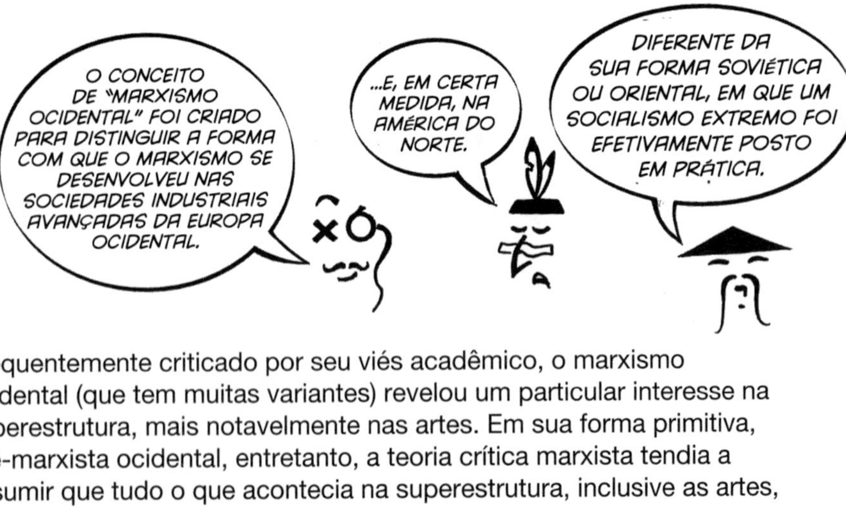
O CONCEITO DE "MARXISMO OCIDENTAL" FOI CRIADO PARA DISTINGUIR A FORMA COM QUE O MARXISMO SE DESENVOLVEU NAS SOCIEDADES INDUSTRIAIS AVANÇADAS DA EUROPA OCIDENTAL.
...E, EM CERTA MEDIDA, NA AMÉRICA DO NORTE.
DIFERENTE DA SUA FORMA SOVIÉTICA OU ORIENTAL, EM QUE UM SOCIALISMO EXTREMO FOI EFETIVAMENTE POSTO EM PRÁTICA.

Frequentemente criticado por seu viés acadêmico, o marxismo ocidental (que tem muitas variantes) revelou um particular interesse na superestrutura, mais notavelmente nas artes. Em sua forma primitiva, pré-marxista ocidental, entretanto, a teoria crítica marxista tendia a assumir que tudo o que acontecia na superestrutura, inclusive as artes, era um mero reflexo do que acontecia na base.

# TEORIA DA REFLEXÃO

A obra do esteta russo **Georgi Plekhanov** (1856-1918) é um bom exemplo do refletivismo cru. Para Plekhanov, a arte é um arquivo de desenvolvimento social. Pelo exame da arte de um dado período pode-se medir seu caráter ideológico. Isso significa que podemos, de fato, "fazer a leitura" da ideologia a partir da arte. Se a arte for decadente, então ela deve ter sido o produto de uma decadência sociopolítica: de fato, um *reflexo direto* dela.

"ARTE PELA ARTE" É UM FENÔMENO OBVIAMENTE BURGUÊS, JÁ QUE SUA AUSÊNCIA DE CONTEÚDO POLÍTICO MANTÉM O STATUS QUO INTACTO.
Plekhanov

ARTE PELA ARTE...
DINHEIRO, PELO AMOR DE DEUS.

QUALQUER TENDÊNCIA CATEGORIZADA DESSA FORMA, COMO PLEKHANOV FEZ COM O CUBISMO (1910-1914), DEVIA SER CONDENADA.

A partir dessa perspectiva, a teoria crítica tornou-se um exercício relativamente direto, com patamares de investigação claramente delineados. O ponto era determinar o que a arte refletia sobre sua sociedade. A "teoria da reflexão" aplicou um poderoso freio sobre a prática crítica marxista desde então.

# O REALISMO SOCIALISTA DE ZHDANOV

As ideias reflexionistas sustentaram a teoria estética posteriormente desenvolvida sob o regime político soviético, o **realismo socialista**. O realismo socialista foi instituído em 1934, sob o olhar vigilante do comissário cultural de Stalin, o temido **A. A. Zhdanov** (1896-1948).

Zhdanov

O REALISMO SOCIALISTA REQUER QUE OS ARTISTAS CRIATIVOS SIGAM A POLÍTICA DO PARTIDO COMUNISTA, QUE LIDEM APENAS COM TEMAS APROVADOS PELO PARTIDO E MANIFESTEM UMA ATITUDE POLÍTICA CORRETA...
... OS TRABALHADORES DA CLASSE OPERÁRIA SÃO TODOS HERÓIS, OS CAPITALISTAS SÃO SEMPRE PERVERSOS.

Em outras palavras, os artistas *refletiam* a realidade social como esta era concebida idealmente pelo Partido (e a leitura de Marx), e tornaram-se, em termos reais, propagandistas da causa comunista. Para Zhdanov, os artistas eram pouco mais que funcionários públicos – ou "engenheiros da alma".

A arte, a partir dessa fórmula, tinha que ser apresentada de forma acessível para o público geral. Essa rigidez excluía a experimentação. A arte não devia mais ser considerada exclusiva de uma elite com interesses especializados e separados da realidade dos indivíduos comuns.

COMO RESULTADO, O MODERNISMO FOI EFETIVAMENTE BANIDO DA UNIÃO SOVIÉTICA.
NÓS FOMOS FORÇADOS A ESCREVER, COMPOR OU PINTAR DE UMA MANEIRA ACADÊMICA REALISTA QUE FOI AMPLAMENTE REJEITADA POR NOSSOS PARES DO OCIDENTE.

A vanguarda modernista era a estética dominante no ocidente capitalista no século XX. Mesmo a mera *sugestão* desse modernismo na arte de um artista era suficiente para fazer baixar a completa ferocidade da máquina do Estado sobre sua cabeça – como o compositor **Dmitri Shostakovitch** (1906-1975) veio a descobrir a duras penas.

Shostakovitch

# A BATALHA PELA CONSCIÊNCIA DE CLASSE

A inauguração do marxismo no ocidente é geralmente atribuída à obra de **Georg Lukács** (1885-1971), cujos primeiros escritos em filosofia e literatura exerceram grande influência sobre várias gerações de teóricos europeus ocidentais. Sua obra *História e consciência de classe* (1923) pregava, em contraste com o modelo autoritário da União Soviética, uma abordagem mais humanista da luta de classes. Ao contrário de muitos pensadores soviéticos da época, Lukács não acreditava na "inevitabilidade" da revolução – ela tinha que ser conscientemente buscada por meio dos esforços combinados da classe operária e do Partido Comunista, de modo criativo, em vez de dogmático.

Lukács
UMA SITUAÇÃO EM QUE OS "FATOS" SE POSICIONAM INEQUIVOCAMENTE A FAVOR OU CONTRA UM CURSO DE AÇÃO DEFINIDO NUNCA EXISTIU, NEM EXISTIRÁ.

A LUTA GLORIOSA DA REVOLUÇÃO DO POVO TRIUNFARÁ SOBRE OS CÃES SERVIS DO CAPITALISMO BURGUÊS. É O QUE SE DIZ AQUI.

Isso gerou uma rejeição das interpretações deterministas do pensamento marxista, tão popular no Partido à época.

Para os marxistas ortodoxos, como **V. I. Lenin** (1870-1924), que já exerciam poderes ditatoriais – ainda mais ampliados no governo de **Joseph Stalin** (1879-1953) –, tais pontos de vista eram considerados perigosos para a causa socialista.

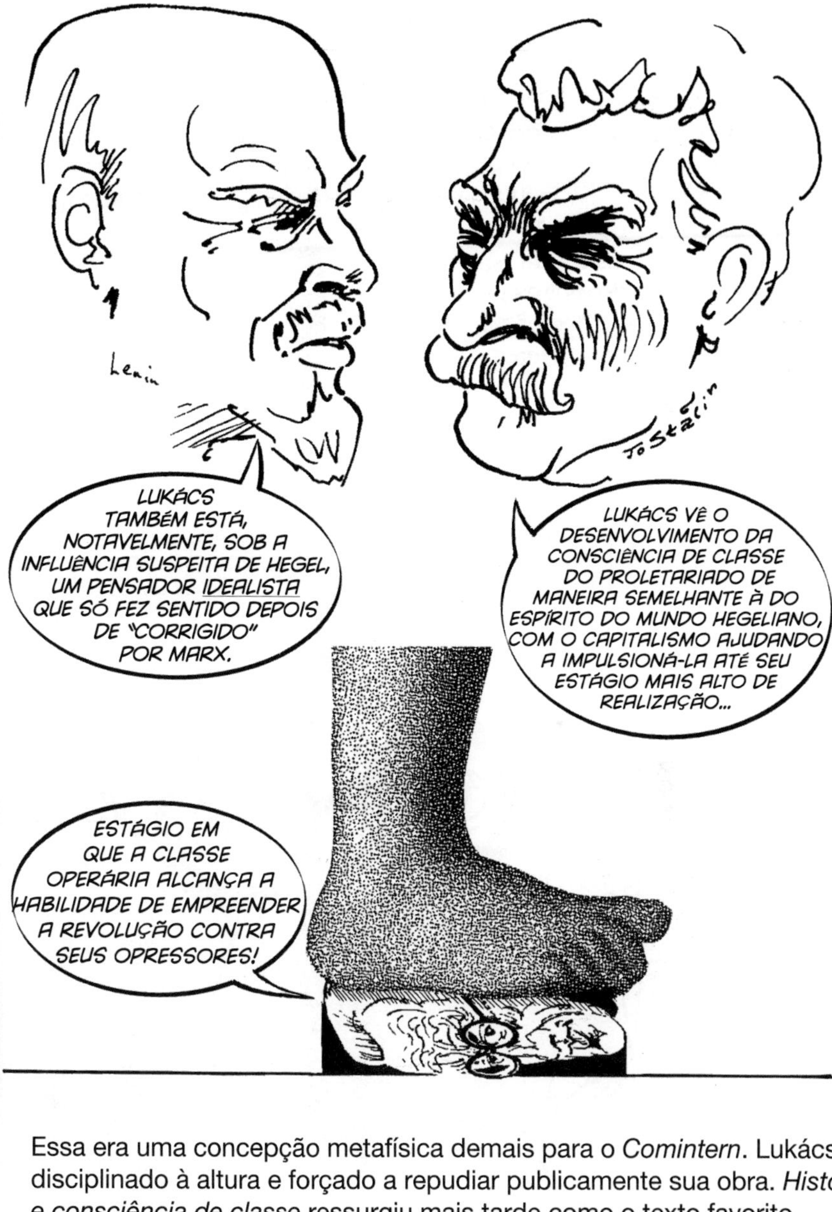

Lenin
LUKÁCS TAMBÉM ESTÁ, NOTAVELMENTE, SOB A INFLUÊNCIA SUSPEITA DE HEGEL, UM PENSADOR IDEALISTA QUE SÓ FEZ SENTIDO DEPOIS DE "CORRIGIDO" POR MARX.
LUKÁCS VÊ O DESENVOLVIMENTO DA CONSCIÊNCIA DE CLASSE DO PROLETARIADO DE MANEIRA SEMELHANTE À DO ESPÍRITO DO MUNDO HEGELIANO, COM O CAPITALISMO AJUDANDO A IMPULSIONÁ-LA ATÉ SEU ESTÁGIO MAIS ALTO DE REALIZAÇÃO...
ESTÁGIO EM QUE A CLASSE OPERÁRIA ALCANÇA A HABILIDADE DE EMPREENDER A REVOLUÇÃO CONTRA SEUS OPRESSORES!

Essa era uma concepção metafísica demais para o *Comintern*. Lukács foi disciplinado à altura e forçado a repudiar publicamente sua obra. *História e consciência de classe* ressurgiu mais tarde como o texto favorito entre os estudantes revolucionários dos anos 1960 (em particular nos *événements* – eventos – de 1968 em Paris).

# A TEORIA LUKACSIANA DO ROMANCE

As raízes hegelianas também são evidentes no trabalho inicial de Lukács sobre literatura, *Teoria do romance* (1920). Esse texto é ainda amplamente estudado hoje em dia, e sua conexão do romance com o surgimento da cultura burguesa na Europa vem ecoando em várias áreas de estudo desde então.

AGORA É MAIS OU MENOS SENSO COMUM VER O ROMANCE, PELO MENOS EM SUA FASE INICIAL, COMO UMA EXPRESSÃO DOS VALORES BURGUESES...
COM O FOCO FIRMEMENTE POSICIONADO SOBRE O INDIVÍDUO ESTABELECENDO SEU LUGAR EM UM MUNDO COMPETITIVO.
COMO EU VEJO, O ROMANCE ESTÁ PROFUNDAMENTE ENTRANHADO NO DESENVOLVIMENTO DA CULTURA MODERNA.

Lukács desenvolveria posteriormente uma teoria altamente controversa sobre o romance realista, o "realismo crítico", baseada na obra de seus romancistas prediletos do século XIX, tais como:

**Sir Walter Scott** (1771-1832),

**Honoré de Balzac** (1799-1850),

e **Conde Leon Tolstói** (1828-1910)

O QUE VOCÊ PODE FAZER COMIGO, SCOTT? EU ERA UM CONSERVADOR NOTÓRIO, ALGUÉM QUE APOIAVA A CLASSE DOMINANTE.
Balzac
Tolstoy
INDEPENDENTEMENTE DE SUAS POSIÇÕES POLÍTICAS, OS ROMANCISTAS DEVEM REVELAR AS PRESSÕES EM FUNCIONAMENTO NO INTERIOR DE SUAS SOCIEDADES QUE LEVARAM AO DESENVOLVIMENTO DE UMA MATRIZ ESPECÍFICA DE RELAÇÕES SOCIAIS.
QUAIS SÃO AS COERÇÕES INFLIGIDAS A NÓS ENQUANTO INDIVÍDUOS NO INTERIOR DE UMA DADA CLASSE SOCIAL EM UM MOMENTO HISTÓRICO ESPECÍFICO?

# UMA VISÃO CRÍTICA REALISTA DA ALIENAÇÃO

OS ROMANCISTAS DO SÉCULO XX QUE PARECIAM SEGUIR OS PRINCÍPIOS LUKACSIANOS SOBRE O REALISMO - COMO EU, THOMAS MANN (1875-1955) - FORAM ELOGIADOS POR LUKÁCS.
Thos. Mann
OS QUE RETRATAVAM OS INDIVÍDUOS COMO ESSENCIALMENTE ALIENADOS UNS DOS OUTROS, MAIS POR RAZÕES METAFÍSICAS DO QUE SOCIAIS - COMO EU, FRANZ KAFKA (1883-1924) -, ERAM CRITICADOS POR LUKÁCS.
Kafka
O QUE QUERO DIZER É O SEGUINTE: A "ALIENAÇÃO" NÃO É UMA "CONDIÇÃO HUMANA" INESCAPÁVEL. KAFKA ACREDITA NISSO; O SOCIALISMO, NÃO.

"Franz Kafka ou Thomas Mann", título de um capítulo de *The meaning of contemporary realism* (1958), se tornaria algo como um grito de guerra para Lukács – uma escolha mais política do que estritamente literária a ser feita por alguém, fosse ele autor ou leitor.

Thos. Mann
Kafka

No fim, Lukács condenaria o modernismo em geral, por apresentar uma imagem distorcida da realidade que inibiria a ação política. Suas opiniões o colocaram em atrito com o dramaturgo experimental modernista e marxista **Bertold Brecht** (1898-1956). Brecht, com o apoio do crítico marxista **Walter Benjamin** (1892-1940), reivindicou que a concepção do realismo de Lukács era muito limitada.

Brecht
OS ARTISTAS CRIATIVOS DEVEM SER LIVRES PARA EXPERIMENTAR CONFORME A CULTURA À SUA VOLTA MUDA.

Benjamin
ESCREVER NO ESTILO REALISTA DO SÉCULO XIX SERIA CESSAR DE SER UM REALISTA AGORA.

Lukács não se retratou. Ele continuou atacando o modernismo e defendendo sua própria visão do realismo até o fim de sua carreira. Partidários do modernismo como **James Joyce** (1882-1941),

Joyce

Beckett

**Samuel Beckett**
(1906-1989)

Faulkner

e **William Faulkner** (1897-1962) não foram tratados melhor que Kafka.
O marxismo ocidental, ao contrário de Lukács, adotou uma atitude mais positiva em relação à ética modernista e a seus adeptos mais importantes.

# A TEORIA DA HEGEMONIA

Os marxistas sempre tiveram dificuldade em explicar dois problemas. Ambos dizem respeito à falha em predizer a revolução nas sociedades capitalistas.

POR QUE AS CLASSES EXPLORADAS DA SOCIEDADE CAPITALISTA COM FREQUÊNCIA PARECEM SATISFEITAS EM COOPERAR COM A IDEOLOGIA DOMINANTE, QUANDO, INEQUIVOCAMENTE, NÃO É DE SEU INTERESSE FAZÊ-LO?
POR QUE AS REVOLUÇÕES SOCIALISTAS NÃO SE REALIZAM EM SOCIEDADES CAPITALISTAS AVANÇADAS?

Esse tem sido um debate acalorado no interior do movimento marxista. O conceito de **hegemonia** foi desenvolvido para eliminar tais discrepâncias. Nas mãos do marxista italiano **Antonio Gramsci** (1891-1937), esse conceito tornou-se uma ferramenta sofisticada de análise cultural.

Gramsci rejeitou a noção determinista crua de que as classes operárias exploradas deviam inevitavelmente reconhecer a revolução como “de seu interesse”. O marxismo havia falhado em considerar que a ideologia funciona, de fato, para tornar-se irreconhecível em si (outro “disfarce”). Esse é o truque da hegemonia...

Gramsci
...PARA PERSUADIR A TOTALIDADE DA SOCIEDADE DE QUE A IDEOLOGIA PREDOMINANTE - PRECISAMENTE A QUE DE FATO PROTEGE A CLASSE DOMINANTE - É, NA VERDADE, O ÚNICO MODO DE PENSAR NATURAL E NORMAL.
FOUCAULT
O PODER NÃO SE FIA APENAS NA REPRESSÃO, MAS NO CONTROLE DO PODER DO CONHECIMENTO.

Veremos mais adiante como a “arqueologia” do conhecimento de Michel Foucault escava a camada aparente da “unanimidade” hegemônica para revelar o funcionamento do empoderamento cultural – uma estratégia já sinalizada por Gramsci.

# CRÍTICA CULTURAL

As sociedades capitalistas são adeptas da disseminação de suas crenças ideológicas sem ter que recorrer à força. A ideologia é transmitida no *nível das ideias*, tanto quanto por meio de pressões econômicas (em geral de modo imperceptível pelos indivíduos envolvidos).

AS ARTES E A MÍDIA SÃO ELEMENTOS CRÍTICOS DESSE PROCESSO.
ISSO ACRESCENTA ÍMPETO À TEORIA CRÍTICA COMO FORMA DE EXPLORAR A IDEOLOGIA EM TODAS AS SUAS VARIADAS MANIFESTAÇÕES.
FOUCAULT

Essas ideias seriam desenvolvidas posteriormente com mais detalhes pelo movimento marxista estrutural. Alguns críticos começaram a se perguntar como se poderia escapar das garras da hegemonia, já que ela parecia tão bem-sucedida em manter o *status quo* político e neutralizar a dissidência na origem.

# A TEORIA CRÍTICA DA ESCOLA DE FRANKFURT

Talvez a mais importante corrente crítica cultural do marxismo ocidental tenha sido a Escola de Frankfurt. Ela desenvolveu uma aproximação rigorosa da análise cultural, particularmente vista na obra de seus principais representantes,

**Theodor Adorno** (1903-1969),

NOSSA ESCOLA DEU O NOME DE "TEORIA CRÍTICA" A ESSE MÉTODO DE ANÁLISE.
Adorno

**Max Horkheimer** (1895-1973),

NOTA: ESTE LIVRO USA A TEORIA CRÍTICA PARA ABORDAR TODO O ESCOPO DE OUTRAS TEORIAS...
Horkheimer

e **Herbert Marcuse** (1898-1979).

NOSSA ABORDAGEM SE BASEAVA NO MARXISMO, MAS ESTAVA TÃO DISPOSTA A CRITICAR AS FALHAS DA UNIÃO SOVIÉTICA QUANTO AS FALHAS DA SOCIEDADE OCIDENTAL.
Marcuse

A "teoria crítica" é um amálgama de técnicas filosóficas e ciência social (muitas vezes fazendo uso extensivo de questionários estatísticos em suas investigações) que teve aplicações abrangentes. Criada como um instituto de pesquisa na Universidade de Frankfurt, no início dos anos 1920, a Escola fugiu da Alemanha quando da tomada de poder pelos nazistas, em 1933, e se realocou posteriormente em Nova York (voltando a Frankfurt depois da Segunda Guerra Mundial).

# O AVANÇO DO IRRACIONALISMO

Adorno, Horkheimer e Marcuse desafiaram aspectos arraigados do pensamento marxista ortodoxo – tais como o papel do Partido Comunista e o conceito de classe. Adorno e Horkheimer escreveram conjuntamente *Dialética do esclarecimento* (1944) e questionaram a validade do próprio projeto do Iluminismo em si, do qual o marxismo é considerado parte constituinte.

O QUE O "CULTO AO PROGRESSO", ENCORAJADO PELO ILUMINISMO, NOS TROUXE, DE FATO, NA MODERNIDADE?
A RACIONALIDADE EXTREMA TEM UM REVERSO SOMBRIO E NEGATIVO DE INSENSATEZ. OLHE À SUA VOLTA - O SISTEMA DE EXTERMÍNIO DE MASSA DO HOLOCAUSTO, OS GULAGS (CAMPOS DE TRABALHOS FORÇADOS PARA QUEM SE OPUSESSE AO REGIME SOVIÉTICO) DA UNIÃO SOVIÉTICA, A ANIQUILAÇÃO DA BOMBA A - ESSE É O AVANÇO DA INSENSATEZ.
ELES SUSPEITARAM DA FALSIDADE DAS "GRANDES NARRATIVAS" 35 ANOS ANTES DE MIM...
Lyotard

Voltaremos mais adiante ao veredicto de Jean François Lyotard sobre as "grandes narrativas", mas, enquanto isso...

Olhando em volta, quando a Segunda Guerra Mundial chegou a um fim selvagem e aterrorizador, em meio às ruínas das civilizações oriental e ocidental, Adorno e Horkheimer puderam ver "sociedades administradas" de maneira profundamente repressiva em cada lado da fronteira ideológica – o ocidente não sendo menos culpável nesse sentido do que a União Soviética stalinista.

A REPRESSÃO POLÍTICA NA UNIÃO SOVIÉTICA É TÃO OPRESSIVA QUANTO AS PRÁTICAS DA "INDÚSTRIA CULTURAL" OCIDENTAL, EM ESPECIAL NA AMÉRICA...
EM ESSÊNCIA, AS POPULAÇÕES OCIDENTAIS ESTÃO PROGRAMADAS PARA PENSAR E CONSUMIR DO MODO DITADO POR SEUS GOVERNANTES CAPITALISTAS.

A hegemonia da civilização ocidental praticamente destruiu a possibilidade de oposição política sob uma impressão glamorosa de "aprovação" da cultura de massa. Esse tema foi explorado na obra de Marcuse.

# A SOCIEDADE UNIDIMENSIONAL OU "NÃO OPOSITORA"

Em obra dos anos 1960, Marcuse reconheceu uma sociedade "unidimensional", na qual as forças do capitalismo avançado pareciam ter triunfado sobre as da esquerda tradicional. A oposição política ao capitalismo, especialmente na América, onde Marcuse permaneceu após a guerra, havia sido quase que totalmente erradicada.

A MAIOR PARTE DA POPULAÇÃO NÃO VÊ RAZÃO REAL PARA SE REBELAR CONTRA UM SISTEMA QUE PARECE ABASTECER SUAS NECESSIDADES MATERIAIS MAIS QUE ADEQUADAMENTE E FORNECER UMA RAZOÁVEL SENSAÇÃO "DEMOCRÁTICA" DE SEGURANÇA PESSOAL.

A ALTERNATIVA OFERECIDA PELO SISTEMA SOVIÉTICO PARECE NÃO TER QUALQUER ATRATIVO.

Marcuse sentia que a categoria marxista de classe havia se quebrado nessa situação.

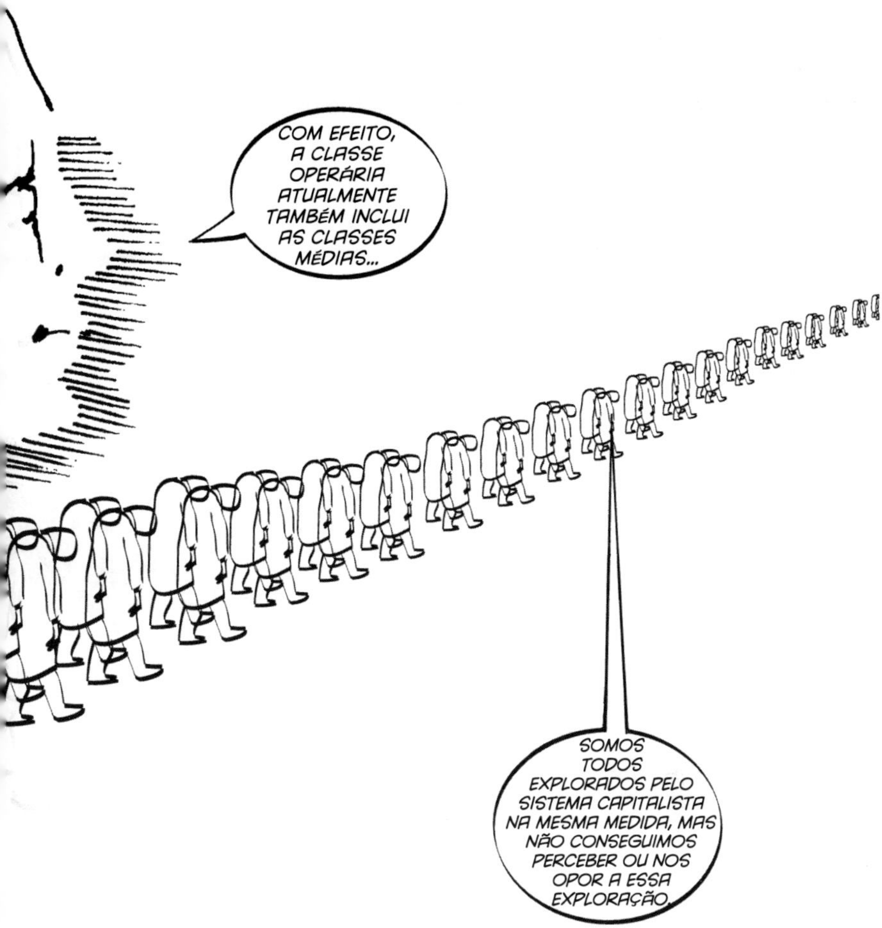
COM EFEITO, A CLASSE OPERÁRIA ATUALMENTE TAMBÉM INCLUI AS CLASSES MÉDIAS...
SOMOS TODOS EXPLORADOS PELO SISTEMA CAPITALISTA NA MESMA MEDIDA, MAS NÃO CONSEGUIMOS PERCEBER OU NOS OPOR A ESSA EXPLORAÇÃO.

A classe operária tradicional também estava em declínio, dada a aceleração e o alcance da mudança tecnológica, criando agora a **sociedade pós-industrial**, muito diferente de qualquer coisa que Marx ou seus discípulos imediatos pudessem ter divisado.

# A ESQUERDA ALTERNATIVA OU "NOVA ESQUERDA"

Sob circunstâncias tecnológicas tão avançadas, o pensamento marxista não podia mais depender da classe operária como salvadora da humanidade. Um novo eleitorado de indivíduos tinha que ser encontrado para manter a luta contra o capitalismo em nome da libertação humana.

ESTUDANTES E VÁRIAS MINORIAS - A POPULAÇÃO NEGRA DA AMÉRICA - DEVEM SUBSTITUIR A CLASSE OPERÁRIA NO PAPEL DE "COVEIROS DO CAPITALISMO".

Marcuse distanciou-se dos conceitos tradicionais marxistas a respeito de como, supostamente, a revolução aconteceria.

Seu casamento entusiástico com a *contracultura* americana (*rock'n'roll*, *jazz* e *blues*, arte de vanguarda) sinalizou uma ruptura radical com a tradição ortodoxa.

MUITOS, PRINCIPALMENTE EM MEIO AO CRESCENTE MOVIMENTO DE PROTESTO ESTUDANTIL, O CONSIDERARAM MUITO ATRAENTE.
EU FUI TOMADO COMO UM GURU DA "NOVA ESQUERDA" EM SUA LUTA CONTRA O SISTEMA ESTABELECIDO, O PROTESTO ANTIGUERRA DO VIETNÃ, A REVOLUÇÃO DA MILITÂNCIA ESTUDANTIL, O FIM DA SEGREGAÇÃO RACIAL E OUTRAS QUESTÕES...
Marcuse

# A POLÍTICA DA ARTE DE VANGUARDA

Adorno também foi um articulado defensor teórico da vanguarda artística. Ele próprio foi compositor e defendeu a música dodecafônica de **Arnold Schoenberg** (1874-1951) e seus discípulos e, posteriormente, o novo cinema alemão dos anos 1960. E ele o fez por razões semelhantes às de Marcuse.

UM NOVO PARADIGMA POLÍTICO REQUER UMA NOVA ARTE QUE O ACOMPANHE...
Schoenberg

UMA QUE SEJA LIVRE DAS CONVENÇÕES E DOS CLICHÊS DO PASSADO.

Embora seus gostos estéticos diferissem marcadamente (Adorno odiava *jazz* e música popular em geral), tanto Adorno quanto Marcuse apoiaram a causa da experimentação artística, o que os posicionou em desacordo com o pensamento marxista ortodoxo e a teoria soviética do realismo socialista.

Entre as obras de Adorno, a mais crítica da tradição de pensamento marxista – e indiscutivelmente a mais influente sobre a teoria crítica desenvolvida posteriormente – é *Dialética negativa* (1966). Nela foi argumentado que o conceito de dialética como modo de resolver conflito e contradição (um ponto de vista padrão que é anterior a Hegel e Marx, na leitura de Adorno) era equivocado.

A DIALÉTICA NUNCA SOLUCIONA COMPLETAMENTE A CONTRADIÇÃO...
O PROCESSO DIALÉTICO DEVERIA SER CONSIDERADO QUALITATIVAMENTE NEGATIVO EM VEZ DE POSITIVO.

O que a dialética revela, segundo Adorno, é "a inverdade da identidade, o fato de que o conceito não exaure a coisa concebida".

# CONTRA A TOTALIDADE – E O TOTALITARISMO

O objetivo de Adorno ao desenvolver a dialética do "pensamento da não identidade" era o de minar a ideia de **totalidade**, bem como a de autoridade, que afirma ter compreendido integralmente o funcionamento interno dessa totalidade. O marxismo clássico certamente fez tal afirmação, com a dialética sendo tratada como a chave para compreender os processos da **totalidade social**.

A IMPORTÂNCIA DE SE MINAR QUALQUER PRESUNÇÃO DE "TOTALIDADE" É A DE AGUÇAR AS NOSSAS DEFESAS CONTRA OS SISTEMAS TOTALITARISTAS.
A DIALÉTICA NEGATIVA PREFIGURA EM GRANDE MEDIDA A DESCONSTRUÇÃO, QUE IGUALMENTE SE PREOCUPA EM MOSTRAR QUE A TOTALIDADE É UMA IDEIA ILUSÓRIA – SEMPRE HAVERÁ LACUNAS, E NUNCA A "PRESENÇA" INTEGRAL DE QUALQUER IDENTIDADE.

A partir dessa perspectiva, tudo sempre está em um estado de "vir a ser" em vez de "ser" em sua completude. E se esse for o caso, o marxismo logo entra em dificuldades.

# TEORIA DA AURA

O teórico e crítico cultural Walter Benjamin foi uma figura dissidente, à margem da Escola de Frankfurt. Mas sua obra compartilha ao menos alguns de seus pressupostos. Embora ele tenha morrido bem antes do período mais influente da Escola (do fim dos anos 1940 a meados dos anos 1960), a obra de Benjamin foi, ainda assim, fundamental para ajudar a definir o que entendemos como teoria crítica. Benjamin talvez seja mais conhecido por sua teoria de que o que distingue as obras de arte é sua "aura". Essa "aura" é o que não pode ser captado em nenhuma reprodução, como Benjamin destaca em seu ensaio mais influente, *A obra de arte na era de sua reprodutibilidade técnica* (1936).

A HABILIDADE DE SE REPRODUZIR TRABALHOS DE ARTE MECANICAMENTE, PRINCIPALMENTE EM QUANTIDADE, É UM FENÔMENO RELATIVAMENTE NOVO...

A MINHA AURA ESTÁ ALINHADA?
ATUALMENTE É UM FENÔMENO HABITUAL, COM IMPRESSÕES EM MASSA DE OBRAS DE ARTE ENCONTRADAS EM MILHÕES DE LARES POR TODO O MUNDO.

# EM COMBATE COM A TRADIÇÃO

Mas uma reprodução de Vincent van Gogh, independentemente de quão alta seja a resolução desta, não é a obra em si. Nas palavras de Benjamin, à reprodução falta a "presença em tempo e espaço, sua existência única no lugar onde o original foi concebido", ou, como ele passa a chamá-la, sua "aura".

Go Van Go
NENHUMA REPRODUÇÃO PODE ALCANÇAR ESSA AURA, COM SEU SIGNIFICADO EXISTENCIAL IMERSO EM UMA TRADIÇÃO, EM UMA HISTÓRIA DE TUDO O QUE ELA SIGNIFICOU CULTURALMENTE E TUDO O QUE ACONTECEU A ELA DESDE SUA CRIAÇÃO.
A SUA REPRODUÇÃO DE VAN GOGH É SUBSTITUÍVEL, O ORIGINAL, NÃO.

PARECE OUTRO TIPO DE REPRODUÇÃO...
O PROCESSO EMANCIPA A OBRA DE ARTE DE SUA DEPENDÊNCIA PARASITÁRIA DO RITUAL...
...EM OUTRAS PALAVRAS, QUE UM REMBRANDT OU UM VAN GOGH CARREGAM CONSIGO.

A fotografia e o cinema em particular demonstram essa emancipação. Não faz sentido perguntar qual é a cópia "autêntica" nesses casos. De acordo com Benjamin, isso torna a arte acessível às grandes massas de um modo nunca antes possível, permitindo que elas escapem das garras da tradição – um resultado altamente desejável para o marxista revolucionário.

# O TEATRO ÉPICO DE BRECHT

Benjamin foi também um dos primeiros defensores da obra do dramaturgo alemão marxista Bertold Brecht e de seu conceito de "teatro épico". Para Benjamin, a grande virtude do teatro épico era a agenda política claramente definida apresentada autoconscientemente à plateia. O teatro épico "não reproduz condições, mas as revela", mostrando-nos o modo como as classes dominantes nos exploram e nos mantêm em um estado de sujeição à sua ideologia.

POR MEIO DO TEATRO ÉPICO, VIEMOS A RECONHECER AS CONDIÇÕES SOCIAIS QUE NOS OPRIMEM...
...SEM NOS ILUDIR COM UMA SENSAÇÃO DE IDENTIFICAÇÃO COM PERSONAGENS ELABORADOS "REALISTICAMENTE" E, PORTANTO, DESVIADOS DO RECONHECIMENTO DE QUE A MUDANÇA REVOLUCIONÁRIA É NECESSÁRIA.
ESSE É O FAMOSO "EFEITO DE ESTRANHAMENTO" DE BRECHT, QUE NÃO PERMITE O ESCAPISMO. O TEATRO ÉPICO É RADICALMENTE POLÍTICO, FILOSÓFICO E DIDÁTICO.

Ele ensina a classe operária a questionar suas condições de existência, e como essas condições são retratadas na mídia (por meio de sua "revelação"), se tornando, portanto, uma forma de arte verdadeiramente revolucionária.

## FORMALISMO RUSSO

Embora não se declare uma "escola" estritamente marxista, o formalismo russo figurou pouco antes e pouco depois da Revolução Russa de 1917, e merece alguma consideração antes de terminarmos o tópico da teoria crítica marxista. Apesar da decadência do stalinismo, em 1932, e de sua estética realista socialista brutalmente doutrinária, as ideias formalistas ressurgiram no ocidente nos anos 1960 para inspirar novas gerações de teóricos do movimento estruturalista. Críticos formalistas, tais como os associados ao Círculo Linguístico de Moscou, concentraram sua atenção na forma e linguagem literárias.

NOSSOS INTERESSES CONTRASTAVAM ACENTUADAMENTE COM A ABORDAGEM SOCIOLOGICAMENTE ORIENTADA DO REALISMO SOCIALISTA IMPOSTA PELOS COMISSÁRIOS CULTURAIS DE STALIN...
AS OBRAS DE ARTE DEVEM COMUNICAR A MENSAGEM POLÍTICA "CORRETA" - REPLETA DE OPERÁRIOS FELIZES OLHANDO EM DIREÇÃO A UM FUTURO SOCIALISTA RESPLANDECENTE!
Bakhtin
Zhdanov

# A GRAMÁTICA DA NARRATIVA

A influência formalista pode ser detectada na obra de teóricos como **Roland Barthes** (1915-1980), que partilha da preocupação dos russos com a "literalidade" – elementos, tais como o uso deliberado de artifícios literários, que indicam que estamos em presença de uma "literatura" oposta a outras formas de discurso.

A OBSESSÃO DE MUITOS PENSADORES ESTRUTURALISTAS COM A COMPILAÇÃO EXAUSTIVA DE UMA "GRAMÁTICA" DA NARRATIVA TEVE SUA ORIGEM NO MOVIMENTO FORMALISTA.
Brecht
Benjamin
Barthes
Greimas
Todorov

Assim como Barthes, pode-se citar também os esforços de **A. J. Greimas** (1917-1992) e **Tzvetan Todorov** (n. 1939) nesse campo. A prática da "narratologia" em geral deve muito à inspiração do formalismo.

# O ESTRANHAMENTO DE SHKLOVSKY

**Viktor Shklovsky** (1893-1984) assimilou o conceito de "estranhamento" em sua análise da linguagem literária – o "tornar estranho" os acontecimentos e objetos do cotidiano de modo que estes surjam para nós sob uma nova perspectiva.

A FUNÇÃO DA ARTE É TORNAR OS OBJETOS "ESTRANHOS", CRIAR FORMAS DIFÍCEIS, AUMENTAR A DIFICULDADE E A DURAÇÃO DA PERCEPÇÃO, POIS O PROCESSO DA PERCEPÇÃO É UM FIM ESTÉTICO EM SI E DEVE SER PROLONGADO.
A ARTE AFASTA OS OBJETOS DO AUTOMATISMO DA PERCEPÇÃO.

O "efeito de estranhamento" de Brecht é outra versão desse processo, que nos força a reconhecer, ao atrair a atenção para artifícios estilísticos, o que está por trás das ações e comportamentos tidos como certos (suas conotações ideológicas ocultas). Note que tanto o marxismo como o formalismo enfatizam os elementos "ocultos" por trás da superfície do texto.

# O SENTIDO PLURAL OU DIALÓGICO DE BAKHTIN

Outra figura dessa época, cuja obra teve aparecimento tardio no ocidente, foi **Mikhail Bakhtin** (1895-1975). Sua abordagem inovadora da análise literária também sofreu com a repressão stalinista – embora tentasse conceber uma filosofia da linguagem marxista. As pesquisas de Bakhtin sobre o romance prefiguram de forma contundente o pós--estruturalismo em muitos aspectos, particularmente em sua insistência na *característica plural* do significado.

Bakhtin
O SENTIDO SEMPRE É CONTESTADO E NEGOCIADO NO INTERIOR DA SOCIEDADE...
A LINGUAGEM É "DIALÓGICA" POR NATUREZA, OU SEJA, UMA SÉRIE DE ENCONTROS ENTRE INDIVÍDUOS.
Kristeva

Não há sentido fixo em nenhuma narrativa, portanto, e esta é sempre aberta a interpretações múltiplas. Existe uma característica plural nos próprios escritos de Bakhtin, também, no que tange a possibilidade dele ter publicado, nos anos 1920, suas obras sob uma variedade de nomes, com destaque para Valentin Voloshinov (uma questão que ainda é debatida entre os estudiosos de Bakhtin).

# INTERTEXTUALIDADE OU HETEROGLOSSIA

Bakhtin via os romances como intensamente "intertextuais" – conceito desenvolvido posteriormente pela teórica feminista estruturalista Julia Kristeva. Romances não são criações unitárias independentes, mas produtos que se fiam na "intertextualidade", ou seja, nas referências entrelaçadas de uma extensa e complexa rede de discursos do passado e do presente de uma cultura. A esse processo Bakhtin deu o nome de "heteroglossia". A heteroglossia age contra as tendências unificadoras de uma cultura, como geralmente defendidas pela classe dominante.

O ROMANCE PODE SER CONSIDERADO UMA FORÇA DISRUPTIVA VOLTADA NÍTIDA E POLEMICAMENTE CONTRA AS LINGUAGENS OFICIAIS DE SEU TEMPO.
Rabelais

Bakhtin identifica uma influência disruptiva similar na instituição do **carnaval**, com seu amor à paródia descontrolada, em que a autoridade sociopolítica é impiedosamente ridicularizada e "tornada estranha". A selvageria satírica da obra de **Rabelais** (1494-1553), para Bakhtin, é um exemplo primário dessa abordagem carnavalesca da autoridade (infelizmente ausente na empresa realista socialista).

# A LINGUÍSTICA SEMIÓTICA DE JAKOBSON

**Roman Jakobson** (1896-1982) fornece uma ponte direta entre a **semiótica** formalista russa e o posterior desenvolvimento do pós--estruturalismo em teoria crítica. Ele começou como um membro do Círculo Linguístico de Moscou e, posteriormente, no exílio, do Círculo Linguístico de Praga (1920), até sua chegada à América (1941), onde colaborou com o antropologista estruturalista seminal **Claude Lévi-Strauss** (n. 1908).

Lévi-Strauss

Jakobson analisou a estética literária ("poética") como um sub-ramo da linguística sistemática: "O objeto de estudo na ciência literária não é a literatura, mas a *literalidade*"; em outras palavras, os padrões de artifício linguístico que especificam o discurso literário.

O RECEPTOR - OU LEITOR - É A FONTE DE VALOR ESTÉTICO.
JAKOBSON

CONTEXTO

EMISSOR MENSAGEM RECEPTOR

CONTATO

CÓDIGO

SOBRE ESSE MAPA DE RECURSOS EU SOBREPONHO FUNÇÕES CORRESPONDENTES...

REFERENCIAL

EMOTIVO POÉTICO CONATIVO

FÁTICO

METALINGUÍSTICO

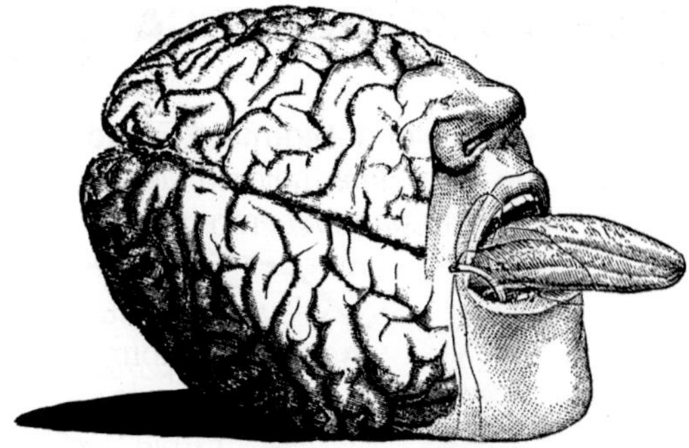

O interesse de Jakobson na *afasia* (um distúrbio de linguagem devido a um dano cerebral) alertou-o para um padrão linguístico de oposição fundamental: **metáfora** e **metonímia**. A metáfora é uma ferramenta de comparação ("forte como um leão") ou uma descrição imaginativa não literal ("um erro claríssimo"). A metonímia funciona através da substituição do todo por uma parte associativa ("velas" para "barcos"), como abaixo...

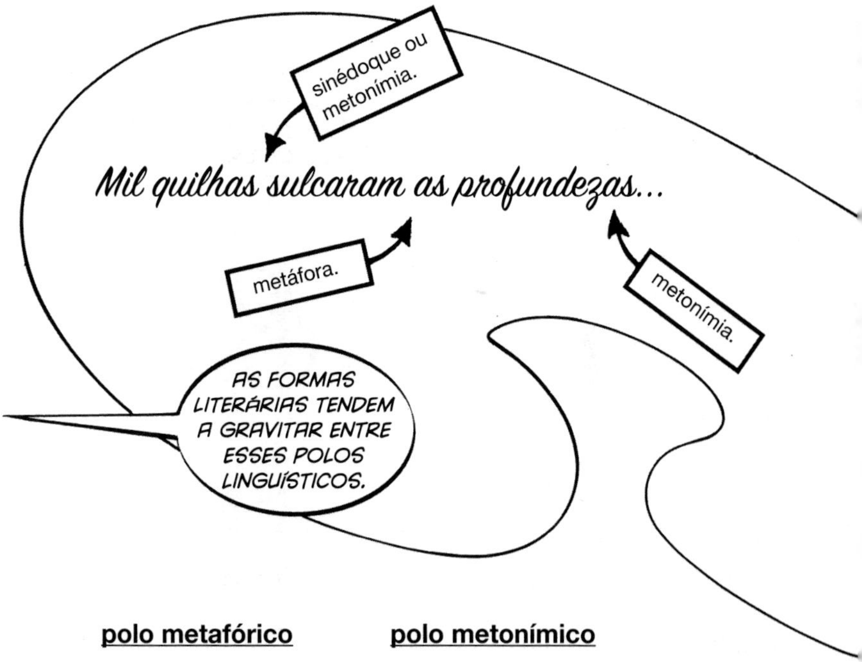
sinédoque ou metonímia.
Mil quilhas sulcaram as profundezas...
metáfora.
metonímia.
AS FORMAS LITERÁRIAS TENDEM A GRAVITAR ENTRE ESSES POLOS LINGUÍSTICOS.

| polo metafórico | polo metonímico |
|---|---|
| poesia romântica | épicas heroicas |
| canções líricas | ficção realista |
| metáfora fílmica | montagem de cinema |
| surrealismo | jornalismo |

# O INCONSCIENTE PSICANALÍTICO

Depois de Marx, pode-se mencionar **Sigmund Freud** (1856-1939) e sua pioneira **psicanálise** como a próxima maior influência na evolução da teoria crítica. De fato, existe um paralelo entre eles...

EU REVELEI UM ELEMENTO INCONSCIENTE NA INFRAESTRUTURA ECONÔMICA DA SOCIEDADE.
EU DESCOBRI O INCONSCIENTE NA ESTRUTURA ECONÔMICA DA VIDA INTERIOR DO INDIVÍDUO OU PSIQUE.
Pcpc. Cs
SUPEREGO
Subconsciente
EGO
Reprimido
Inconsciente
ID
percepção consciente

Ambos são também **terapeutas**. Marx buscou a cura para a "doença econômica" no processo histórico da luta de classes e da revolução. Freud, por volta de 1900, rompeu com a psiquiatria neurológica para buscar uma cura para distúrbios neuróticos através de um processo de autoconhecimento. Para ambos, os "defeitos estruturais" da humanidade são reais, sérios, mas não inescapáveis. Existe uma margem de liberdade a ser conquistada pela ativação do autoconhecimento.

Tanto a dialética marxista quanto a psicanálise freudiana enfatizam uma **agenda oculta** sob uma dimensão superficial – as coisas não são o que parecem. A teoria crítica se fiou nesse pressuposto na tentativa de trazer à tona essa agenda. Freud postula uma discrepância entre o nosso consciente, a "realidade superficial", e o nosso inconsciente, a profunda força inobservada, não reconhecida e controladora. As "pulsões" em nível instintivo ditam muito do que dizemos e fazemos em nível consciente. Sonhos, anormalidades sexuais, patologias neuróticas abrem caminho através das máscaras de normalidade consciente. As pulsões podem ser frustradas ou deslocadas temporariamente – mas não indefinidamente.

EVENTUALMENTE, TEM-SE O "RETORNO DO REPRIMIDO" – FREQUENTEMENTE DESAGRADÁVEL!
"RETORNO DO REPRIMIDO"? AH, SIM, A ISSO EU CHAMO DE REVOLUÇÃO!

# PSICANÁLISE E TEORIA CRÍTICA

Os críticos teóricos introduziram o conceito psicanalítico de "subtexto" à atividade humana e o aplicaram a uma variedade de fenômenos culturais – literatura, cinema e mídia, e, sem dúvida, à própria sociedade, como no caso da Escola de Frankfurt, que casou a psicanálise e o marxismo. A ideia essencial para a teoria crítica é a de que não existe nada *acidental* em um texto – no sentido mais amplo de **texto como produto**. Cada indicação do que está oculto, reprimido ou deslocado nessa estrutura pode ser rastreado através do "inconsciente textual".

A ANÁLISE DE TEXTOS COM UMA PROFUNDA ATENÇÃO CONCENTRADA NOS DETALHES SE ASSEMELHA À FUNÇÃO DE "OUVINTE" VIGILANTE DO TERAPEUTA...
O TEXTO SE TORNA ALGO SEMELHANTE A UM "PACIENTE"...
O PERSONAGEM DE HAMLET, NA PEÇA DE SHAKESPEARE, É, SEM DÚVIDA, UM "CASO DIGNO DE TRATAMENTO".

O próprio Freud, em *A interpretação dos sonhos* (1900), sugere que Hamlet tinha um desejo "edípico" secreto de matar o próprio pai (e casar-se com sua mãe), daí sua dificuldade em agir contra o Claudius usurpador. Detratores da crítica psicanalítica objetam que ver Hamlet desse modo é confundir literatura com realidade – a "textualidade do texto" é ignorada em favor da "análise psíquica".

O TEXTO É TRATADO COMO UMA JANELA PARA A SEXUALMENTE ATORMENTADA ALMA DO AUTOR...
OU PARA O "INTERIOR" DE SEU PERSONAGEM.

A psicanálise deve, de fato, muito à literatura. O dogma central do "complexo de Édipo" freudiano deriva de *Édipo Rei*, peça do dramaturgo grego **Sófocles** (c. 496-406 a.C.). A crítica psicanalítica com frequência recai sobre a análise da personificação ficcional. E os estudos de caso clássicos de Freud – o Pequeno Hans, Dora, o Homem dos Ratos, etc. –, independentemente do valor que eles possam ter para a "ciência", são, sem dúvida, grandes exemplos de narrativas.

# ESTRUTURALISMO E TEORIA CRÍTICA

AGORA CHEGAMOS A UM TERCEIRO MODELO INFLUENTE DE INCONSCIENTE, O REPRESENTADO PELO ESTRUTURALISMO.

O estruturalismo tem sua origem na teoria linguística de **Ferdinand de Saussure** (1857-1913). Saussure buscou revelar a estrutura universal da linguagem como um construto de um sistema de regras. Seu ponto--chave é a relação entre **significante** e **significado**. A conexão entre o significante linguístico g/a/t/o e o significado conceitual "gato" é totalmente arbitrária.

A PALAVRA GATO NÃO TEM ATRIBUTOS DE UM "GATO" REAL, MAS É MERO RESULTADO DE UMA CONVENÇÃO ACORDADA. TODA LINGUAGEM TEM UM SIGNIFICANTE DIFERENTE PARA UM MESMO CONCEITO OU "IDEIA" DE GATO.

Outro princípio saussureano é o de que o significado em linguagem é o produto de um incremento de **diferenças de unidade** ao longo de uma cadeia de significantes:

... g/a/t/o : m/a/t/o : f/a/t/o... etc.

A IDEIA DE SIGNIFICANTE ARBITRÁRIO DE SAUSSURE PROVOCOU CONTROVÉRSIAS SOBRE SUA POSSÍVEL "MOTIVAÇÃO" PELOS USUÁRIOS DA LINGUAGEM.
O interesse de Saussure, entretanto, é em linguagem...
...como um sistema funcional (língua)...
...e não como uma coleção de elocuções individuais (fala).
Ele previu o desenvolvimento do que ele chamou de "semiologia" – ciência dos signos...
...isso incluiria a linguística em um programa geral de análise de "sistemas de signos".
OS ESTRUTURALISTAS, NOS ANOS 1950 E 1960, PASSARAM A ANALISAR A SEMIOLOGIA A PARTIR DA LINGUÍSTICA E A APLICÁ-LA A TODOS OS TIPOS DE "SISTEMAS DE SIGNOS" SOCIAIS.
OS ESTRUTURALISTAS CONCEBEM O MUNDO COMO UMA SÉRIE DE SISTEMAS DE SIGNOS INTERLIGADOS, AOS QUAIS OS SERES HUMANOS REAGEM DE MODOS AMPLAMENTE PREVISÍVEIS...
... ASSIM COMO FAZEMOS COM SINAIS DE TRÂNSITO, EMBORA ESSE SEJA UM EXEMPLO RUDIMENTAR.
Existem sistemas de signos muito mais complexos, que "estruturam" os costumes e convenções de nosso comportamento cotidiano.
Saussure

# O INCONSCIENTE ESTRUTURALISTA

Sob a superfície de todo sistema de signos está uma "estrutura profunda" – algo como um programa genético – que dita como tal sistema opera. Marx localizou um inconsciente oculto na produção econômica; Freud o escavou nas nossas pulsões psíquicas. Para o estruturalismo, o inconsciente está localizado na linguagem em si. Todos os sistemas de signos são análogos à linguagem e consistem de uma "gramática" decifrável de regras que operam nos elementos de um sistema por meio de convenções.

A ANÁLISE ESTRUTURALISTA VISA REVELAR COMO COMPREENDEMOS UNS AOS OUTROS POR MEIO DESSAS REGRAS CONVENCIONAIS - COMO "SIGNIFICAMOS" UNS PARA OS OUTROS...
COMO NO XADREZ, DEVEMOS JOGAR PELAS REGRAS ACEITAS. ESTAS PODEM SER MUDADAS APENAS A PARTIR DO CONSENSO GERAL.

Vamos, agora, exemplificar isso, vendo como o estruturalismo foi aplicado à psicanálise. Vamos ver a contribuição de Lacan, nos anos 1950 e 1960.

# LACAN E A PSICANÁLISE ESTRUTURALISTA

O pós-freudiano Jacques Lacan (1901-1981) propôs o famoso conceito de que o inconsciente é estruturado "como a linguagem". Ele queria dizer que o inconsciente só está disponível para nós como um "sistema de gramática", mas que permanece incognoscível em si.

A LINGUAGEM EXISTE ANTES DE QUALQUER UM DE NÓS. COMO "INDIVÍDUOS", NÓS SOMOS INVARIAVELMENTE ESTRUTURADOS PELO QUE NOS PRECEDE, O QUE JÁ TEM "SENTIDO".
ESSE PONTO DE VISTA MINA A PRESUNÇÃO CONVENCIONAL DO "EU", À QUAL A MAIORIA DE NÓS ADERE EM NOSSAS VIDAS COTIDIANAS.
LACAN

O eu como uma entidade consistente e duradoura – como uma "essência interior" que sempre supomos estar lá – evapora no interior das condições da linguagem. Essa é uma importante consequência do estruturalismo, à medida que deu forma à teoria crítica pós-moderna.

C O M O L I N G U A G E M

## Reino simbólico e imaginário de Lacan

A obra de Lacan é notoriamente difícil de interpretar. No entanto, como um participante de sua famosa série de seminários em Paris nos anos 1950 ressaltou, independentemente de quão obscuro ele possa ser, Lacan, ainda assim, "produz ressonâncias". O que se comprovou especialmente entre as feministas do fim dos anos 1960 e 1970, atraídas por sua concepção dos reinos **imaginário** e **simbólico**.

O IMAGINÁRIO É O ESTADO DO EU PRIMITIVO, DOS INFANTES ATÉ OS SEIS MESES, E DO "ESTÁGIO DO ESPELHO", O DO PRIMEIRO AUTORRECONHECIMENTO.
O SIMBÓLICO É O REINO DA LINGUAGEM SOCIAL, EM QUE ENTRAMOS EM UMA FASE POSTERIOR, POR VOLTA DOS 18 MESES.

O primeiro estágio se identifica com a mãe, o segundo, com o pai ou, em um sentido mais amplo, o mundo "masculino" da ordem e autoridade que nós habitamos quando adultos. Esse é o reino simbólico dos sistemas de linguagem preestabelecidos com o qual, em "nome do Pai", como Lacan coloca, se oprimem as mulheres.

O próprio Lacan foi inspirado originalmente pela vanguarda do **surrealismo** dos anos 1930, cuja teoria foi encabeçada pelo poeta e ex-psiquiatra **André Breton** (1896-1966). Os críticos lacanianos tendem a se interessar mais por obras que, de algum modo, desafiam deliberadamente o mundo simbólico – como o surrealismo o faz, inequivocamente, com sua dependência das imagens oníricas e do inconsciente.

PENSE, POR UM INSTANTE, NA ARTE DE SALVADOR DALÍ (1904-1989) E DE OUTROS ARTISTAS SURREALISTAS...
BRETON

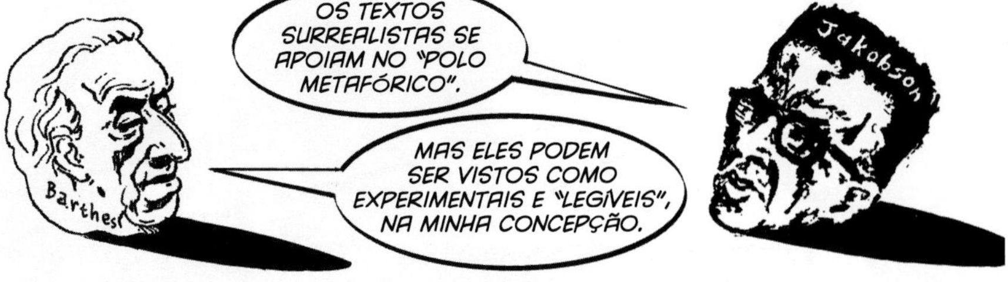
OS TEXTOS SURREALISTAS SE APOIAM NO "POLO METAFÓRICO".
MAS ELES PODEM SER VISTOS COMO EXPERIMENTAIS E "LEGÍVEIS", NA MINHA CONCEPÇÃO.
Barthes
Jakobson

O próprio surrealismo foi influenciado profundamente pela análise freudiana. E, em geral, a rejeição modernista ao estilo de texto "realista" e ordenado tende a atrair os seguidores de Lacan.

# BARTHES E O IMPÉRIO DOS SIGNOS

A tarefa do estruturalismo de identificar a "gramática" subjacente a qualquer sistema estudado é, talvez, melhor exemplificada (e mais acessível) na obra do semiólogo cultural **Roland Barthes** (1915-1980). Para ele, o estruturalismo não se limita à literatura e à arte, mas pode ser perfeitamente aplicável aos "universos de signos" da moda, publicidade e mídia – ou até da luta livre, do futebol ou em um cardápio de restaurante.

O FUNCIONAMENTO DE UMA GRAMÁTICA SEMIOLÓGICA DE QUALQUER UM DESSES SISTEMAS É FASCINANTE.
Britain's Best

O estruturalismo, nos anos 1950 e 1960, tornou-se uma teoria aplicável a todo e qualquer fenômeno cultural, como Barthes demonstrou, e pouco escapava à sua atenção.

# A ESTRUTURA COMUM ÀS NARRATIVAS

A narrativa está à nossa volta – simplesmente um fato cotidiano de nosso mundo –, de acordo com Barthes. Ele criou um método complexo de análise de todas as narrativas possíveis. Seu objetivo era identificar a “sintaxe funcional” por meio da qual as narrativas, em geral, são construídas.

TODAS AS NARRATIVAS COMPARTILHAM UMA "ESTRUTURA COMUM" E UM "SISTEMA IMPLÍCITO DE UNIDADES E REGRAS" - UMA CRENÇA TAMBÉM SUSTENTADA PELO ANTROPÓLOGO LÉVI-STRAUSS.
MINHAS PESQUISAS SOBRE OS MITOS INDÍGENAS SUL-AMERICANOS MOSTRAM QUE ESTES PODEM SER AGRUPADOS EM TIPOS - MITOS DE CRIAÇÃO, POR EXEMPLO.
CADA MITO EM PARTICULAR FUNCIONA COMO UMA "VARIAÇÃO" DE UM "TEMA" CENTRAL.

Note que, mais uma vez, atribui-se uma “estrutura profunda” inconsciente ao fenômeno cultural, determinando sua forma geral.

# A MORTE DO AUTOR

BARTHES TAMBÉM SE POSICIONOU CONTRA O CULTO AO AUTOR.
Em um famoso ensaio de 1968, ele proclamou a "morte do autor". Ele se referia ao "autor" tradicional, heroico, que transmite suas palavras de sabedoria para um público grato e essencialmente passivo.
EM VEZ DISSO, EU VEJO O AUTOR COMO UM CANAL PELO QUAL A LINGUAGEM "FALA"....
OS LEITORES SÃO TÃO CRIADORES DAS NARRATIVAS QUANTO OS AUTORES. "O NASCIMENTO DO LEITOR DEVE SE DAR À CUSTA DA MORTE DO AUTOR."

Essa tem sido uma ideia controversa. No entanto, em seu sentido mais básico, ela não significa nada além de que as narrativas adquirem vida própria depois de deixar o autor e entrar em circulação.

OS AUTORES NÃO PODEM CONTROLAR A RECEPÇÃO DE SUAS OBRAS DEPOIS DE DETERMINADO PONTO.
A INTERPRETAÇÃO NÃO É ALGO QUE SE POSSA LEGISLAR COM SUCESSO - CERTAMENTE NÃO EM UM NÍVEL INDIVIDUAL.
O Bardo

O que se aplica, particularmente, após um período de séculos. **William Shakespeare** (1564-1616) continua a inspirar interpretações bastante diferentes – e muitas vezes bem conflitantes – de sua obra. Shakespeare já foi apropriado tanto pela elite governante como pelos que se rebelaram contra ela e, sem dúvida, continuará a ser assim.

# TEXTOS LEGÍVEIS *VERSUS* ESCREVÍVEIS

Barthes sugere, em um ensaio publicado em 1970 (*S/Z*), que as narrativas podem ser divididas entre categorias "legíveis" e "escrevíveis". Estas exigem uma participação ativa do leitor, aquelas, uma atitude passiva. Os romances modernistas, e, na verdade, tudo o que tiver formato experimental – assim como *Tristram Shandi* (1759-1767), romance de **Laurence Sterne** (1713-1768) – são "escrevíveis". A maior parte dos romances do século XIX é "legível".

EU PREFIRO OS TEXTOS ESCREVÍVEIS AOS LEGÍVEIS, UMA VEZ QUE NOS ÚLTIMOS O AUTOR ESTÁ TENTANDO IMPOR UMA LEITURA ESPECÍFICA AO LEITOR...
ENQUANTO NOS TEXTOS EXPERIMENTAIS A PARTICIPAÇÃO DO LEITOR NA CRIAÇÃO DE SIGNIFICADO É ABERTAMENTE CONVIDADA.
Sterne

Por consequência, os textos legíveis são autoritários. Em meio ao clima rebelde dos anos 1960, quando o conceito de "morte do autor" foi desenvolvido, essa era uma acusação grave. Desde essa época a teoria crítica adquiriu uma qualidade notadamente antiautoritária, e muitas vezes contracultural, ligada a ela.

# A "MORTE DO HOMEM"

O estruturalismo também ajudou a promover a noção de "morte ao homem" (ou "ao sujeito"), que tem sido bastante influente na teoria crítica recente. A ideia aqui é a de que a nossa noção iluminista tradicional de "homem" como o centro do processo cultural – uma criatura capaz de exercer domínio sobre seu ambiente por meio do exercício da razão – é uma ilusão. Em termos reais, nós somos controlados por **sistemas**...

A LINGUAGEM FALA POR MEIO DE NÓS, ESTRUTURAS PROFUNDAS QUE FUNCIONAM ATRAVÉS DE NÓS, E NÓS SÓ TEMOS UM CONTROLE LIMITADO SOBRE O NOSSO DESTINO.
O ESTRUTURALISMO PEDE QUE RECONSIDEREMOS A IMAGEM QUE FAZEMOS DO INDIVÍDUO, E A EXTENSÃO DO PODER INDIVIDUAL.
Significante
Significado

Fazer essa "reconsideração" é desafiar toda uma tradição cultural baseada no compromisso com a autorrealização individual e a autoexpressão (seja em domínios artísticos ou econômicos).

# A INTERTEXTUALIDADE E A ORDEM SIMBÓLICA

A teoria semiótica foi ainda mais desenvolvida pelos pós-estruturalistas, principalmente **Julia Kristeva** (n. 1941). Um de seus conceitos-chave é a **intertextualidade**, que pode ser descrita simplesmente como uma série de narrativas tecidas por ecos e traços de outros textos, uma rede ou "mosaico de citações". Kristeva torna mais complexa essa ideia semiótica básica ao mesclar o marxismo, a psicanálise e o feminismo. Ela corrobora a visão de Lacan de um inconsciente que não pode ser "vocalizado", mas se desvia dele a ideia de continuidade desse inconsciente, mesmo após o sujeito entrar no campo simbólico da ordem da linguagem.

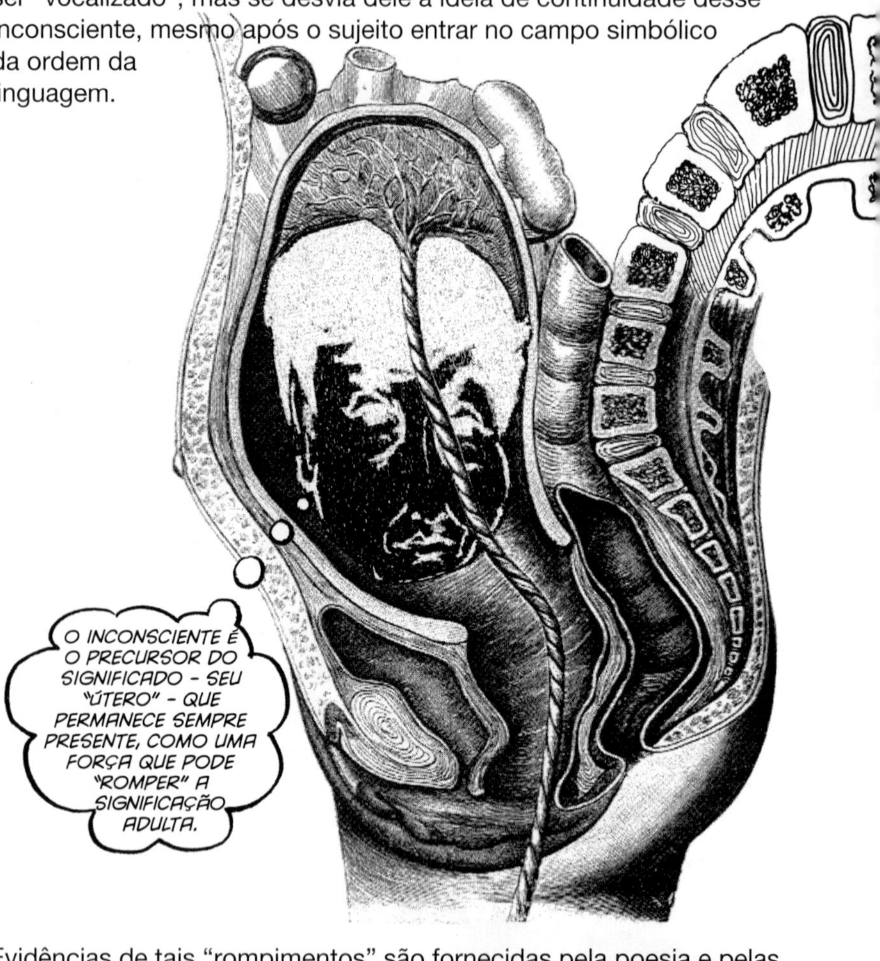
O INCONSCIENTE É O PRECURSOR DO SIGNIFICADO - SEU "ÚTERO" - QUE PERMANECE SEMPRE PRESENTE, COMO UMA FORÇA QUE PODE "ROMPER" A SIGNIFICAÇÃO ADULTA.

Evidências de tais "rompimentos" são fornecidas pela poesia e pelas narrativas, que desestabilizam o domínio opressivo da ordem simbólica inscrita nas leis. Sendo assim, também é possível, de acordo com Kristeva, rejeitar a categoria ou gênero da "mulher essencial" como constituído pela ordem simbólica.

# O LABIRINTO DE ECO

**Umberto Eco** (1932) oferece outra visão semiótica da intertextualidade. Uma das personagens de seu romance *O nome da rosa* (1980) ressalta que: “Um livro é feito de signos que falam de outros signos”.

OS LIVROS DIALOGAM COM AS IDEIAS DE TODA UMA SÉRIE DE OUTROS LIVROS, FREQUENTEMENTE SE ESTENDENDO A UM PASSADO DISTANTE...
ECO
MINHA PRÓPRIA TEORIA SEMIÓTICA É ESTRUTURADA SOBRE AS IDEIAS DE "REDE" E "LABIRINTO".

Sistemas são como redes. Existe um número infinito de modos de atravessar a distância entre dois pontos em uma superfície. Uma rede, para Eco, é “um território ilimitado”. Podemos vê-la, também, como um labirinto sem uma trajetória “correta” de se caminhar por ele. Os textos, assim como os sistemas como um todo, submetem-se a múltiplas interpretações – uma “semiótica interminável”, como diz Eco.

# O MARXISMO ESTRUTURALISTA DE ALTHUSSER

É SENSO COMUM, AFINAL...

O sucesso do pensamento estruturalista na França levou a uma variante do marxismo chamada "marxismo estruturalista", representada por seu principal teórico, o filósofo **Louis Althusser** (1918-1990).

A IDEOLOGIA É UM SISTEMA DE CRENÇAS COM CONTRADIÇÕES INTERNAS QUE PODEM VIR A AMEAÇAR SUA AUTORIDADE...
A IDEOLOGIA REQUER UMA ESTRATÉGIA DE "FORÇA" PARA DISSIMULAR ESSAS CONTRADIÇÕES, SE ELA QUISER MANTER SEU PODER SOBRE OS INDIVÍDUOS.

A ideologia é, portanto, **disseminada** pelo que Althusser chama de "aparelho ideológico de Estado" (instituições como o sistema legal, o sistema educacional e a mídia), e **mantida** pelo "aparelho repressivo do Estado" (a polícia e o exército).

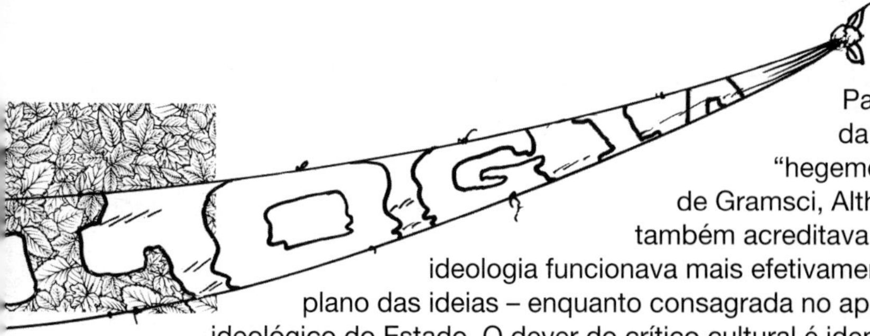

Partindo da teoria “hegemônica” de Gramsci, Althusser também acreditava que a ideologia funcionava mais efetivamente no plano das ideias – enquanto consagrada no aparelho ideológico do Estado. O dever do crítico cultural é identificar onde, e como, essas ideias servem à causa da elite dominante – bem como identificar as contradições que revelam as lacunas e falhas na ideologia em questão.

A IDEOLOGIA NOS "INTERPELA" OU "CHAMA", E NÓS RESPONDEMOS A SEUS "SINAIS" DE FORMA REFLEXIVA, AGINDO COMO ELAS EXIGEM QUE O FAÇAMOS PARA NOS MANTER CATIVOS À IDEOLOGIA.
Gramsci
O MARXISMO PODE ESCLARECER ISSO, PARA QUE POSSAMOS ESCAPAR DO PROCESSO DE CONDICIONAMENTO QUE NOS MANTÉM EM SUJEIÇÃO À IDEOLOGIA DOMINANTE.
Althusser

O marxismo é a “ciência da sociedade”, ele nos capacita a ver através da manipulação da ideologia dominante e, portanto, desenvolver uma consciência de classe revolucionária.

# ESTRUTURALISMO MARXISTA E CRÍTICA LITERÁRIA

As implicações das ideias de Althusser foram transformadas em teoria crítica por seu discípulo **Pierre Macherey** (n. 1939). Em seu livro *Para uma teoria da produção literária* (1966), Macherey afirma...

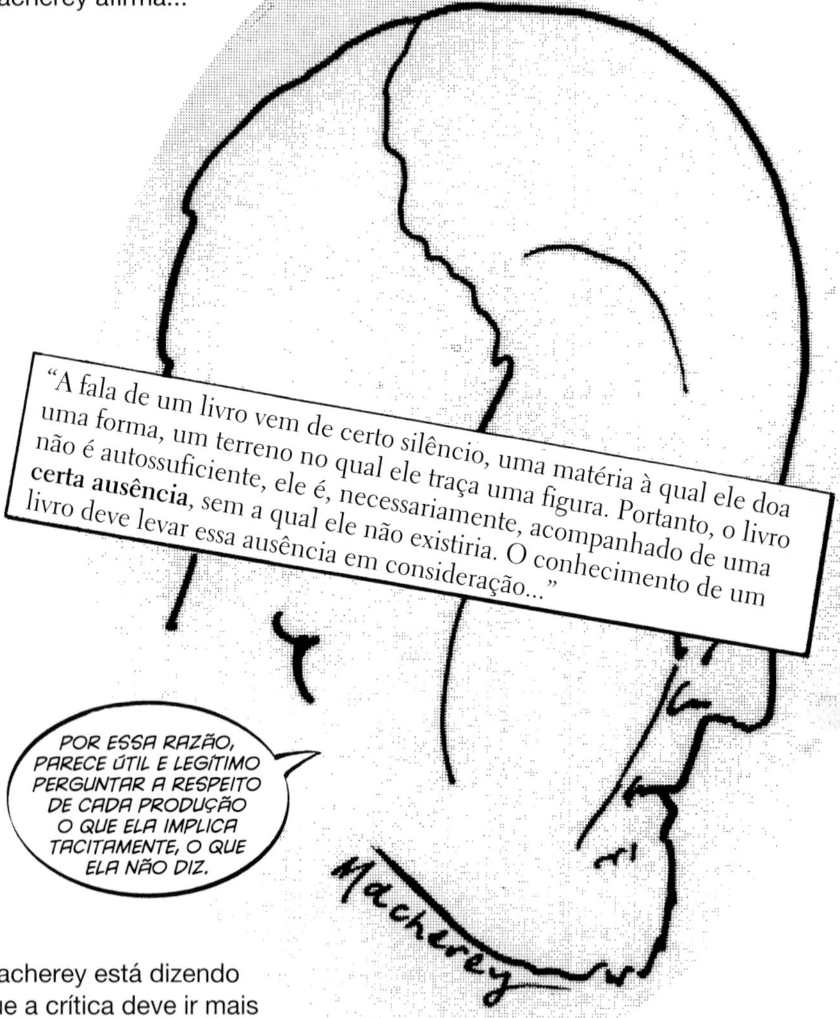

"A fala de um livro vem de certo silêncio, uma matéria à qual ele doa uma forma, um terreno no qual ele traça uma figura. Portanto, o livro não é autossuficiente, ele é, necessariamente, acompanhado de uma **certa ausência**, sem a qual ele não existiria. O conhecimento de um livro deve levar essa ausência em consideração..."
POR ESSA RAZÃO, PARECE ÚTIL E LEGÍTIMO PERGUNTAR A RESPEITO DE CADA PRODUÇÃO O QUE ELA IMPLICA TACITAMENTE, O QUE ELA NÃO DIZ.
Macherey

Macherey está dizendo que a crítica deve ir mais fundo na superfície dos pressupostos ideológicos de um texto perguntando a ele o que ele não diz. Expor seus silêncios e evasivas é uma crítica **política** em si – e, nota-se, mais uma vez, um "inconsciente" identificado.

Com a teoria crítica de Macherey, o marxismo estrutural torna-se uma "ciência dos textos" – com efeito, um sub-ramo da "ciência da sociedade" de Althusser – cujas descobertas são sempre transformadas em registros políticos. Os textos literários têm uma habilidade específica de revelar contradições políticas, o que torna o estudo literário um ato político subversivo.

O QUE AS NARRATIVAS DESVELAM, QUANDO LIDAS "CONTRA A CORRENTE", SÃO OS "FALSOS RESULTADOS" DOS "DEBATES REAIS" QUE A IDEOLOGIA, CONSTANTEMENTE, TENTA ESCONDER.
NA "IDEOLOGIA ESPONTÂNEA" DO COTIDIANO, NÃO ESTAMOS, EM GERAL, CIENTES DESSES FALSOS RESULTADOS. MAS NA LITERATURA ELES SE PROJETAM DE MODO GRITANTE.

O romance *Jane Eyre* (1847), de **Charlotte Brontë** (1816-1855), não foi criado para ser um discurso sobre o poder do patriarcado, mas o tema da "mulher louca no sótão" remonta esse discurso de forma incisiva.

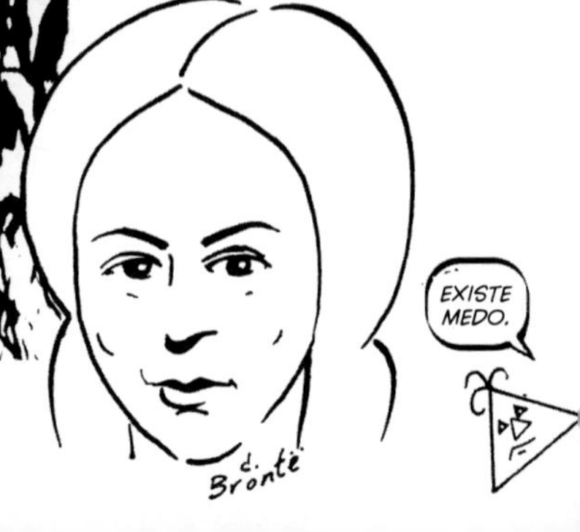
EXISTE MEDO.
C. Brontë

# ESTRUTURALISMO GENÉTICO

Um desenvolvimento relacionado ao estruturalismo marxista é o "estruturalismo genético", abordagem formulada pelo teórico franco-romeno **Lucien Goldmann** (1913-1970). O estruturalismo genético postula a existência de paralelos – ou "homologias", na terminologia de Goldmann – entre as obras literárias e certos grupos sociais influentes operando no momento de produção dessas obras.

GOLDMANN

EM MEU ESTUDO THE HIDDEN GOD (1955) EU ESTABELECI TAIS PARALELOS ENTRE A FILOSOFIA DE BLAISE PASCAL (1623-1662) E AS PEÇAS DE JEAN RACINE (1639-1699)...
...E A VISÃO DE MUNDO DA SEITA JANSENISTA, QUE NÓS ADOTAMOS NA IGREJA CATÓLICA DO SÉCULO XVII.
Pascal
Racine
A·T
T·A
G·C
C·G
T·A
T·A
G·C
T·A
A·T
C·G

Mais do que ser vista apenas como um reflexo da visão de um grupo, a alta literatura deve ser encarada como uma articulação coerente do que não é senão "vago, confuso e contradito por inúmeras outras correntes" no interior do grupo específico em questão.

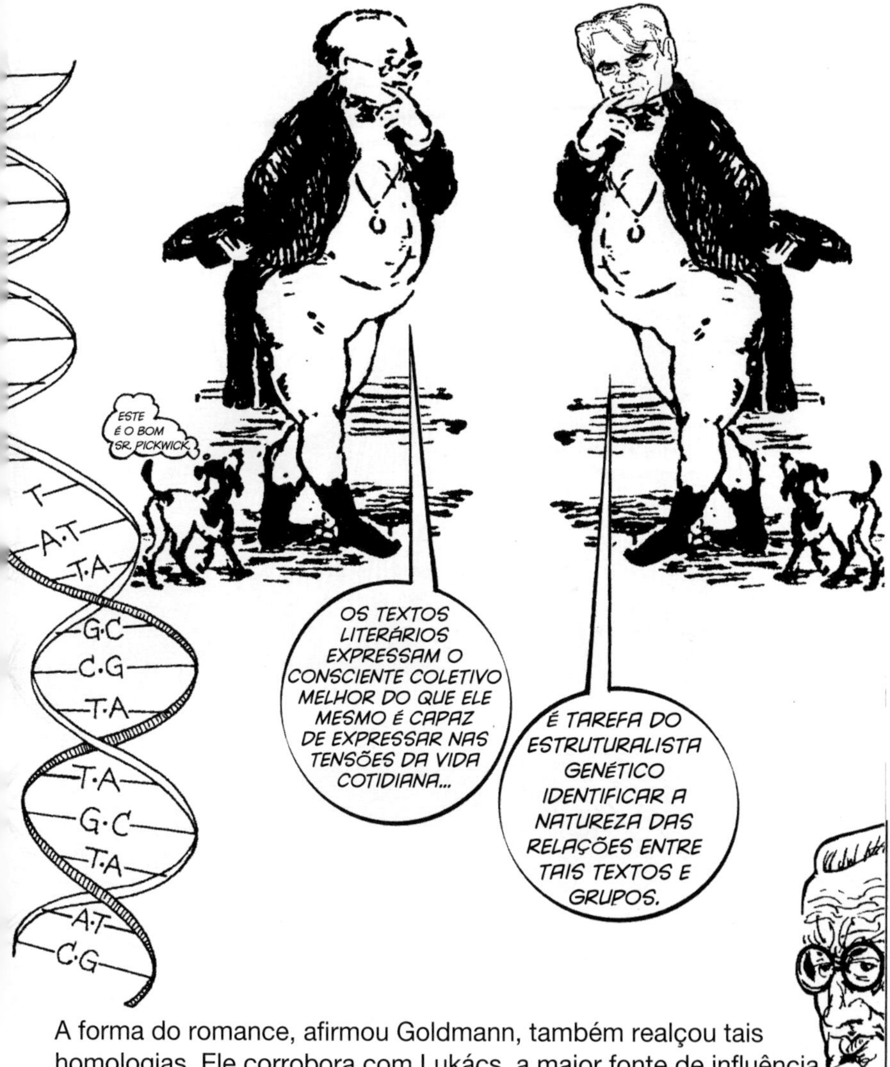

ESTE É O BOM SR. PICKWICK
T-A
A-T
T-A
G-C
C-G
T-A
T-A
G-C
T-A
A-T
C-G
OS TEXTOS LITERÁRIOS EXPRESSAM O CONSCIENTE COLETIVO MELHOR DO QUE ELE MESMO É CAPAZ DE EXPRESSAR NAS TENSÕES DA VIDA COTIDIANA...
É TAREFA DO ESTRUTURALISTA GENÉTICO IDENTIFICAR A NATUREZA DAS RELAÇÕES ENTRE TAIS TEXTOS E GRUPOS.

A forma do romance, afirmou Goldmann, também realçou tais homologias. Ele corrobora com Lukács, a maior fonte de influência do marxismo crítico, ao ligar intimamente o romance ao nascimento da cultura burguesa e à disseminação do sistema econômico capitalista.

# A TEORIA DA RECEPÇÃO

Antes de considerar a reação ao estruturalismo nas últimas décadas do século XX, nós devemos fazer um breve desvio para ponderar sobre outra forma de teoria que, como a de Barthes, enfatiza o papel do leitor: a **teoria do efeito** ou **teoria da recepção,** como é algumas vezes chamada. As figuras-chave aqui são o teórico alemão **Wolfgang Iser** (1926-2007) e o americano **Stanley Fish** (n. 1938).

EM AMBOS OS CASOS, É DADO AO LEITOR UM PAPEL CRÍTICO NA CRIAÇÃO DO SENTIDO DO TEXTO...
ISER
Seu Livro por Você
EMBORA FISH VÁ ALÉM DE MIM AO DECLARAR QUE É O LEITOR QUE, DE FATO, PRODUZ A OBRA DE LITERATURA.

Iser atribui um maior senso de interação entre o texto e o leitor, através da qual o texto impulsiona o leitor para determinadas direções e o leitor preenche quaisquer lacunas deixadas no texto.

Até mesmo a abordagem ostensivamente mais radical de Fish é temperada pela insistência de que o leitor é um membro de uma "comunidade de interpretação", cujos valores compartilhados participam da leitura individual, bem como fornecem um critério para estimar sua validade. A teoria do efeito ou da recepção não é uma forma de teoria crítica particularmente controversa.

MUITO DO QUE ELA DIZ SOBRE O PROCESSO DE LEITURA É RELATIVAMENTE NÃO POLÊMICO.
FISH
POR NÃO POLÊMICO ENTENDA-SE ATÉ O MOMENTO EM QUE NAS COMPLEXIDADES DO MUNDO PÓS-ESTRUTURALISTA SE APROFUNDEM...

Nesse mundo, não podemos mais aceitar como verdadeiras nossas pressuposições cotidianas sobre o eu, a linguagem e o sentido. A partir dos pós-estruturalistas, a teoria crítica se torna cada vez mais deliberadamente contracultural e, admitamos, *difícil*. É hora de mergulhar...

# PÓS-ESTRUTURALISMO: A RUPTURA DOS SISTEMAS DE SIGNOS

O estruturalismo foi longe demais enquanto forma de análise abrangente, aparentemente capaz de explicar toda e qualquer coisa sobre as questões humanas e sobre o mundo à nossa volta. Tudo virou um sistema de signos – de fato, nada poderia *escapar* de ser parte de um sistema de signos.

CADA PARTE CONSTITUINTE PODE SER CONECTADA EM TERMOS DE SEU PAPEL DENTRO DE UM DADO SISTEMA GRAMÁTICO.
ISSO ESTÁ FICANDO GRADATIVAMENTE PERFEITO DEMAIS, E ATÉ IDEOLOGICAMENTE SUSPEITO.
Para as novas gerações de teóricos culturais, o mundo não era tão "ordenado" como os estruturalistas pareciam reivindicar. O fator da *diferença* começou a exercer uma fascinação cada vez maior no que ficou conhecido como movimento *pós*-estruturalista.

O pós-estruturalismo surgiu no fim dos anos 1960, e cobriu uma ampla gama de posições. Todas elas concordam que a vertente da análise estruturalista construtora de sistemas tem muitas falhas críticas.

UM SISTEMA SÓ EXPLICA TUDO QUANDO FAZ USO FREQUENTE DA SUPRESSÃO OU OMISSÃO DE ELEMENTOS "PERNICIOSOS".
TUDO O QUE NÃO SE ENCAIXE NO SISTEMA É DESCARTADO COMO IRRELEVANTE OU RECODIFICADO PARA FORÇAR SEU AJUSTE.

Para a razão pós-estruturalista, isso era o autoritarismo em ação. Ela se propôs a minar essa posição, introduzindo um tom de ceticismo radical na teoria crítica. Esta tem sido uma postura digna de nota da teoria crítica em seu desenvolvimento, encontrar o autoritarismo nos métodos de seus predecessores imediatos. A libertação dos regimes opressores, intelectuais e políticos, é cada vez mais o que nos é oferecido.

# DESCONSTRUÇÃO PÓS-ESTRUTURALISTA

O ramo mais influente do pós-estruturalismo e, definitivamente, um dos mais céticos, foi, indiscutivelmente, o da **desconstrução**, como praticado por seu maior expoente, **Jacques Derrida** (1930-2004). As primeiras obras de Derrida constituem um ataque contínuo aos fundadores do estruturalismo – Saussure e Lévi-Strauss, em especial. Para ele, o estruturalismo é tanto autoritário em sua postura quanto baseado em premissas filosóficas questionáveis.

O ESTRUTURALISMO REQUER QUE O SIGNIFICADO ESTEJA PRESENTE NOS ARTEFATOS, ESPERANDO PARA SEREM DESVELADOS PELO ATO DE ANÁLISE...
ENQUANTO A MINHA TEORIA DO SIGNIFICADO O CONCEBE COMO UM FENÔMENO MAIS TRANSITÓRIO E, COM CERTEZA, MUITO MENOS ESTÁVEL.

Derrida afirma que a concepção convencional de significado no Ocidente depende da pressuposição de uma "metafísica da presença", ou seja, o significado real de uma palavra deve estar "presente" na mente do falante, ou escritor, no momento em que ela é usada. Ele nomeou essa suposição de **logocentrismo** (*logos* em grego tem o sentido tanto de "palavra" como de "razão").

# *DIFFÉRANCE* E SIGNIFICADO

Essa presença transparente de significado não pode ser alcançada, de acordo com Derrida, por causa da ação da *différance* (postergar ou diferenciar). Ele criou essa palavra em francês para descrever o processo por meio do qual o significado "escorrega" no ato de transmissão. As palavras contêm dentro de si traços de outros sentidos que não os do primário assumido. Seria, provavelmente, melhor falar de um *campo* de significados em vez de uma correspondência precisa, palavra e sentido frente a frente.

UM CAMPO QUE FOR CRÍTICO O SUFICIENTE, NUNCA PODE SER RESTRITO - PORQUE SEMPRE EXISTE UM "EXCEDENTE" DE SIGNIFICADO EM QUALQUER PONTO.
DADA ESSA AMORFIA, AS TOTALIDADES NEM PODEM E NEM DEVEM SE FORMAR - COMO EU TAMBÉM AFIRMEI.
ADORNO
Nothing is what it appears to be
es gibt nur EIN Berlin
Bernauer Stra
45-50

Na desconstrução, passamos de uma construção de sistema para um desmantelamento do sistema. A maior preocupação de Derrida é dirigir a nossa atenção para as muitas lacunas em nossos sistemas de discurso que, por mais que tentemos, nunca conseguimos disfarçar. A desconstrução é uma filosofia que, de modo deliberado, se encaminha para esvaziar as pretensões filosóficas sobre nossa habilidade de ordenar o mundo.

# DESCONSTRUINDO AS “OPOSIÇÕES BINÁRIAS”

Parte da objeção de Derrida ao estruturalismo se dá à sua dependência das **oposições binárias**. Ele considera o discurso ocidental em geral como fundado em uma série de tais oposições. Um dos termos do binário sempre assume uma prioridade dominante sobre o outro. A oposição **homem/mulher** seria um exemplo de tal binarismo “opressor”.

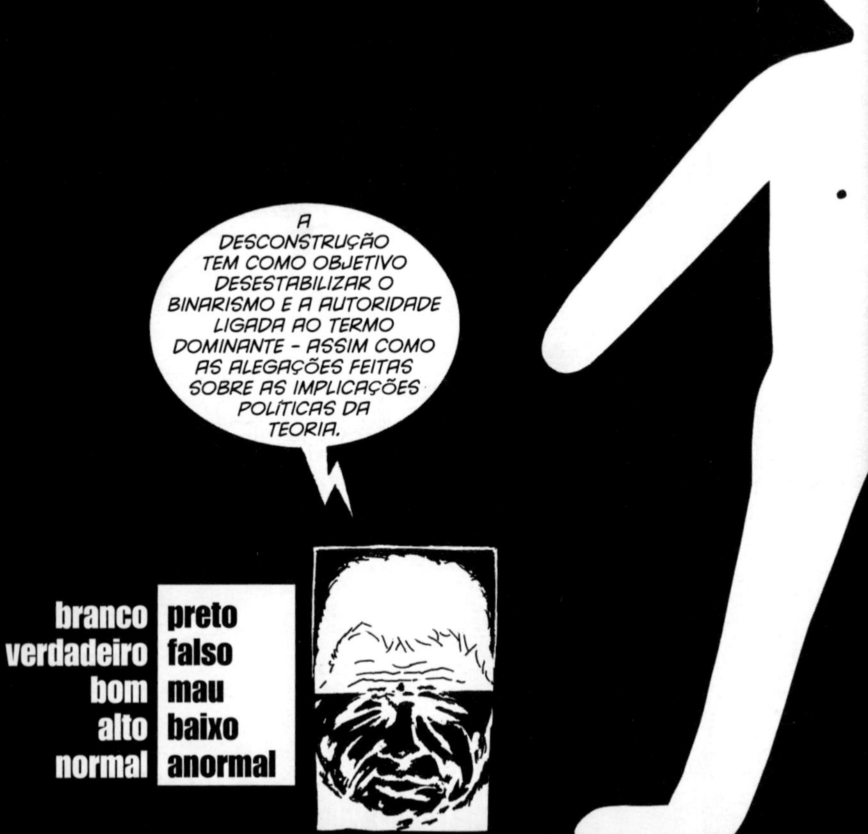
A DESCONSTRUÇÃO TEM COMO OBJETIVO DESESTABILIZAR O BINARISMO E A AUTORIDADE LIGADA AO TERMO DOMINANTE - ASSIM COMO AS ALEGAÇÕES FEITAS SOBRE AS IMPLICAÇÕES POLÍTICAS DA TEORIA.
branco preto
verdadeiro falso
bom mau
alto baixo
normal anormal

A desconstrução não é amiga da ideia de hierarquia, que ainda está profundamente incrustrada até mesmo nas sociedades democráticas mais liberais. As feministas certamente concordariam com a noção de que o par binário homem/mulher é distorcido em favor do homem. O patriarcado se resume à manutenção desse *status*. A teoria *queer* se interessa igualmente em desestabilizar o par binário heterossexual/*gay*, em que “heterossexual” é considerado o termo dominante.

# AS PALAVRAS E AS COISAS

**Michel Foucault** (1926-1984) é outro pensador francês que reagiu contra a rigidez formal do estruturalismo e sua insistência de que tudo seja classificado impecavelmente em termos de seu papel restrito no sistema. Foucault aprofundou a investigação de Gramsci quanto ao problema da hegemonia.

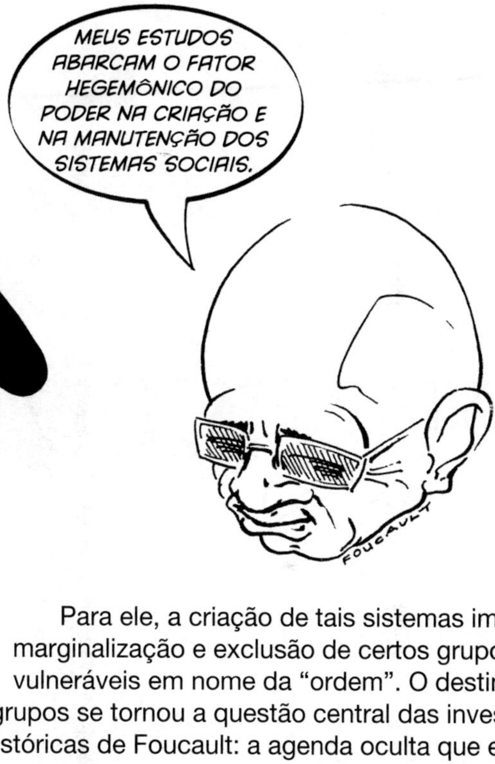
MEUS ESTUDOS ABARCAM O FATOR HEGEMÔNICO DO PODER NA CRIAÇÃO E NA MANUTENÇÃO DOS SISTEMAS SOCIAIS.
FOUCAULT

Para ele, a criação de tais sistemas implicou na marginalização e exclusão de certos grupos sociais vulneráveis em nome da “ordem”. O destino de tais grupos se tornou a questão central das investigações históricas de Foucault: a agenda oculta que ele estava determinado a trazer à superfície. Ele investigou profundamente o “inconsciente” do poder.

| | | |
|---|---|---|
| conhecimento | → | classificação |
| poder | → | marginalização |
| ordem | → | controle sistematizado |

## O SURGIMENTO DA DISCIPLINA CIENTÍFICA

*História da loucura* (1961), de Foucault, descreve como os doentes mentais foram deslocados para asilos que anteriormente abrigavam leprosos. A partir do século XVII, esse foi o "grande confinamento".

ANTES NÓS ÉRAMOS LIVRES PARA CIRCULAR PELAS RUAS, E ATÉ MESMO NOS ERA DADO ALGUM TIPO DE STATUS DE PROTEÇÃO...
A "ASSISTÊNCIA COMUNITÁRIA" TERÁ REVERTIDO ESSE PROCESSO HOJE EM DIA?
O OBJETIVO ERA O DE CONTROLE SOCIAL. TODOS OS SUPOSTOS COMPORTAMENTOS "DESVIANTES" PASSARAM A ESTAR SUJEITOS A UM MONITORAMENTO RÍGIDO DAS AUTORIDADES GOVERNANTES.

*Vigiar e punir – história da violência nas prisões* (1975) investigou o nascimento das prisões modernas; *O nascimento da clínica* (1963), o da medicina moderna. Em todos os casos, testemunhamos o surgimento das formas "científicas" de controle social pelas autoridades. As vidas dos indivíduos estão sendo rigorosamente regimentadas.

A *história da sexualidade* (1976-1984), obra de Foucault em três volumes, examinou o processo pelo qual a homossexualidade (um comportamento sexual sem nada de excepcional na Grécia Antiga) foi gradualmente banida pelo cristianismo, até ser transformada em atividade criminal.

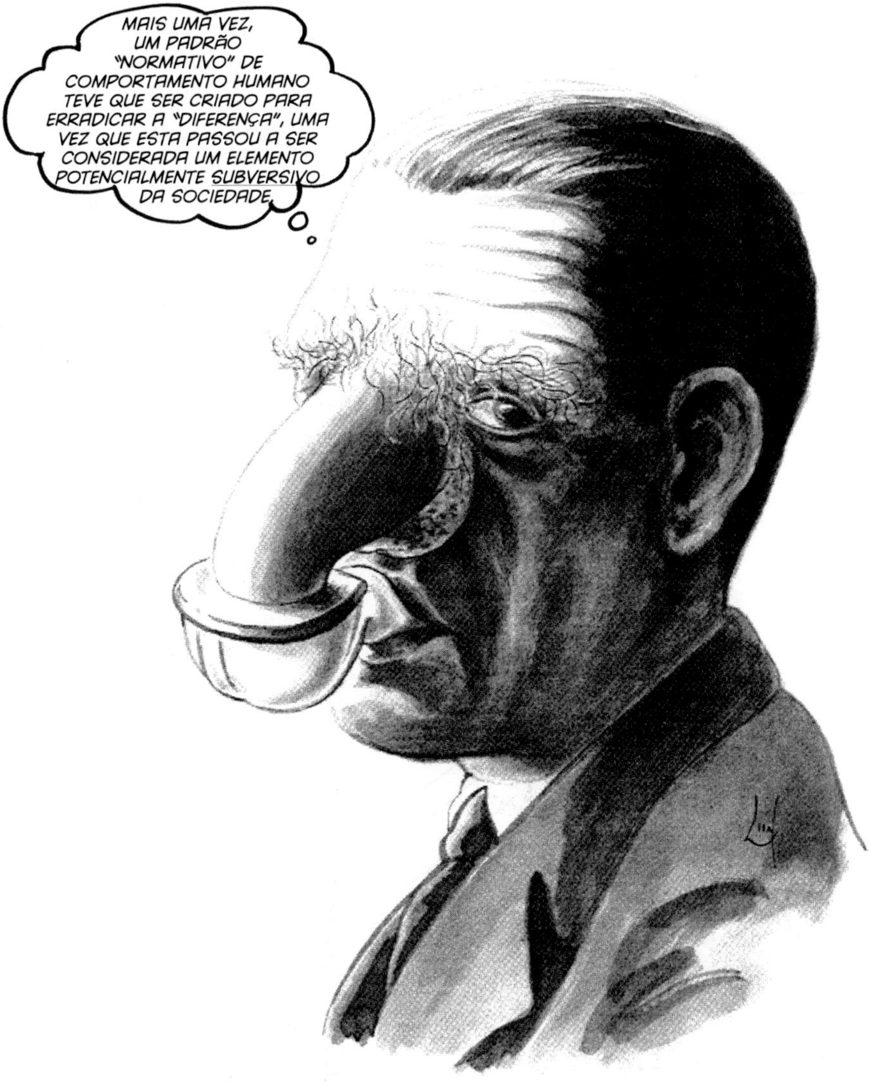
MAIS UMA VEZ, UM PADRÃO "NORMATIVO" DE COMPORTAMENTO HUMANO TEVE QUE SER CRIADO PARA ERRADICAR A "DIFERENÇA", UMA VEZ QUE ESTA PASSOU A SER CONSIDERADA UM ELEMENTO POTENCIALMENTE SUBVERSIVO DA SOCIEDADE.

A heterossexualidade tornou-se a norma (e ainda é amplamente vista como tal hoje em dia), com todas as outras formas de expressão sexual sendo tratadas como desvios dessa norma.

# REVELANDO O DISCURSO ESCONDIDO

Foucault descreve suas pesquisas históricas como "arqueologias" ou "genealogias", destinadas a trazer à luz os discursos suprimidos da sociedade ocidental.

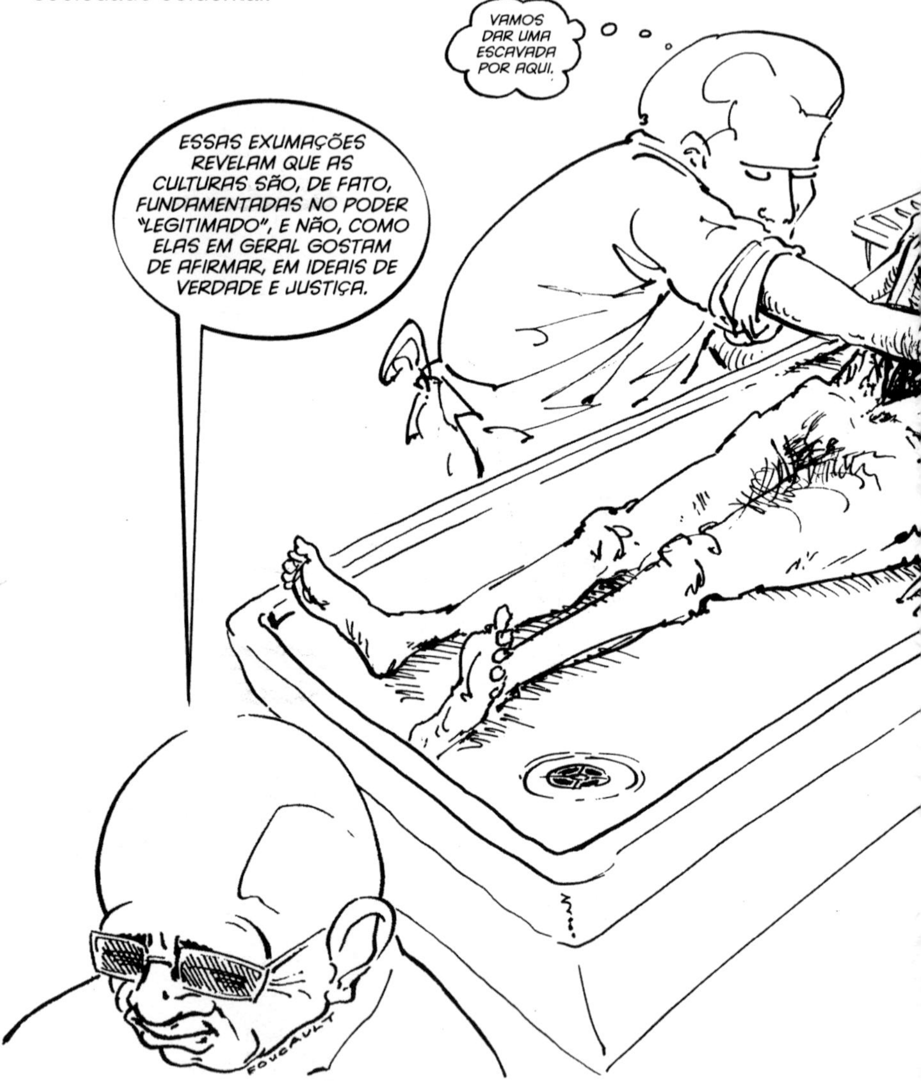
VAMOS DAR UMA ESCAVADA POR AQUI.
ESSAS EXUMAÇÕES REVELAM QUE AS CULTURAS SÃO, DE FATO, FUNDAMENTADAS NO PODER "LEGITIMADO", E NÃO, COMO ELAS EM GERAL GOSTAM DE AFIRMAR, EM IDEAIS DE VERDADE E JUSTIÇA.
FOUCAULT

O que estamos estudando em cada caso, conhecimento, poder e ordem, é um discurso em particular que, na sua base, é estruturado em relações de poder. Como veremos, o novo historicismo e materialismo cultural continuaram a extrair muito desse conceito.

# O FIM DO HUMANISMO

Para Foucault, não existe algo como uma "essência humana" universal. Comportamento, ética, discurso e sociedade podem – e todos o fazem – mudar no decorrer do tempo. Tampouco há um padrão na história da humanidade, nenhum sentido de que estejamos progredindo – por exemplo, para algumas utopias marxistas. (Foucault rejeitou o marxismo depois de um flerte inicial com ele.) Na verdade, Foucault considerava a nossa concepção de "homem" – como, de acordo com a visão liberal humanista, indivíduo possuidor de determinados direitos naturais inalienáveis – como uma invenção bem recente.

ISSO PODERIA DESAPARECER FACIL-MENTE...
MAIS UM CONCEITO DE "MORTE DO HOMEM" PARA ACRESCENTAR À NOSSA LISTA.

A visão de Foucault da espécie humana enfatizou a *diferença* em vez dos elementos em comum. Ele continuou sua campanha a favor de grupos sociais marginalizados – homossexuais, prisioneiros e minorias étnicas, por exemplo – até o fim de sua vida.

O PÓS-MODERNISMO É UMA REAÇÃO À IDEOLOGIA DA MODERNIDADE – A CRENÇA DE QUE A RAZÃO PODE DOMINAR O AMBIENTE À NOSSA VOLTA E, AO FAZÊ-LO, GARANTIR UM PROGRESSO MATERIAL CONTÍNUO INEXORAVELMENTE. A MODERNIDADE COMO FENÔMENO CULTURAL É GERALMENTE CONECTADA AO ILUMINISMO, PERÍODO DO SÉCULO XVIII DA HISTÓRIA EUROPEIA, MUITAS VEZES MENCIONADO COMO "PROJETO ILUMINISTA".

# PÓS-MODERNISMO

## O colapso das grandes narrativas

O Iluminismo era um "projeto", no sentido de que buscava ativamente o **progresso** material e a **libertação** sociopolítica ilimitados. Para os pós-modernistas, a modernidade é um exemplo clássico de uma "grande narrativa" em ação.

TODOS SÃO FORÇADOS A SE ADEQUAR À SUPOSTA AUTORIDADE DO "PROJETO ILUMINISTA", E A SEU COMPROMETIMENTO COM O PROGRESSO A, PRATICAMENTE, QUALQUER CUSTO...
...INCLUINDO, COMO OS ATIVISTAS ECOLÓGICOS ADVERTEM, A ESPOLIAÇÃO DE NOSSO PLANETA.

De novo, a hostilidade à autoridade, força impulsora da teoria crítica, está em grande evidência.

## Os *"Differends"* de Lyotard

**Jean-François Lyotard** (1924-1999) definiu o ponto de vista pós--moderno como caracterizado por uma atitude de "incredulidade acerca das metanarrativas", ou seja, na expressamente aberta descrença na ideologia ou grande narrativa que justificam a modernidade e o projeto do Iluminismo. A modernidade tendeu a adotar a supressão do que Lyotard chamou de "*differends*".

DIFFERENDS SÃO DISPUTAS INSOLÚVEIS EM QUE NENHUM LADO PODE ACEITAR OS TERMOS DE REFERÊNCIA DO OUTRO.
POR EXEMPLO, AS COMUNIDADES INDÍGENAS DISPUTANDO A POSSE DA PROPRIEDADE COM OS COLONIZADORES DE SEU TERRITÓRIO SEM ABANDONAR SUAS PRÓPRIAS REIVINDICAÇÕES NO PROCESSO.
Lyotard

A menos que esses *differends* sejam respeitados, Lyotard postula, nós flutuaremos em direção a uma sociedade autoritária em que muitas vozes são simplesmente silenciadas pela força superior de seus oponentes – como no caso da maioria das comunidades indígenas do "Novo Mundo", que se viram marginalizadas e ignoradas por seus colonizadores.

# A CONDIÇÃO PÓS-MODERNA

*A condição pós-moderna* (1979), de Lyotard, pode ser considerada a bíblia do pós-modernismo como teoria crítica. Seu ataque à grande narrativa – e defesa das "pequenas narrativas" marginalizadas – inspirou toda uma geração de teóricos e contribuiu na criação de uma agenda do movimento pós-moderno em geral.

A NARRATIVA EM SI É UMA CONSTRUÇÃO HUMANA BÁSICA. ELA NÃO PRECISA DE MAIS FUNDAÇÃO OU JUSTIFICAÇÃO QUE ESSA.

A narrativa só se torna problemática quando elaborada de forma "grandiosa", o que exige precedência autoritária, ou até **totalitária,** sobre a multiplicidade de "pequenas" narrativas (individuais ou de pequenos grupos) que qualquer sociedade contém. Nota-se aqui uma afinidade com a ideia de *"differends"* de Lyotard e a ênfase de Derrida e Foucault na *diferença*. Do mesmo modo, sua ideia de "narrativa construída" o alia a Barthes e a outros pós-estruturalistas.

# CIÊNCIA PÓS-MODERNA

Lyotard também argumentou que o que chamamos de "ciência pós-moderna" (mecânica quântica, teoria da catástrofe e teoria do caos) nos fornece um modelo para nossas investigações intelectuais. Tal ciência não estava "produzindo o conhecido, e sim o desconhecido", ou seja, mais problemas que soluções, à medida que os cientistas mergulhavam profundamente no bizarro mundo das "antipartículas", "atratores estranhos" e "caos determinístico".

A MECÂNICA QUÂNTICA AFIRMA QUE É NÃO POSSÍVEL MARCAR A POSIÇÃO DE PARTÍCULAS SUBATÔMICAS COM PRECISÃO.
A TEORIA DO CAOS PERMITE QUE A ALEATORIEDADE E O DETERMINISMO COEXISTAM EM UM SISTEMA.
A COMPLEXIDADE PERMITE QUE SISTEMAS SE "AUTO-ORGANIZEM" EM NÍVEIS MAIS AVANÇADOS DE DESENVOLVIMENTO.

Em cada caso, somos confrontados com noções contraintuitivas, que desafiam tanto nossa experiência costumeira quanto nosso conceito de lógica.

# NARRATIVA CIENTÍFICA E RELATIVISMO

Alguns cientistas, como o astrofísico **John D. Barrow** (n. 1952), aceitam a existência de limites inalcançáveis ao nosso conhecimento. No que tange a indagação científica, sempre haverá, necessariamente, um...

## "incognoscível"

Contudo, nós vimos (nas páginas 13 e 14) que...

QUALQUER DECLARAÇÃO QUE SE DIGA CAPAZ DE ALCANÇAR A COMPREENSÃO COMPLETA DA NATUREZA DE NOSSO UNIVERSO DEVE SER, PORTANTO, ENCARADA COM UM PROFUNDO CETICISMO.
A TENTATIVA DE LYOTARD DE ADEQUAR A CIÊNCIA AO "MODELO PÓS--MODERNO" DA TEORIA CRÍTICA ENREDOU-O NA CONTROVÉRSIA DO "ESCÂNDALO SOKAL".
Sokal
Barrow

No entanto, como também notamos, a questão não é se o uso da ciência por Lyotard é falho. A questão vai além. O ceticismo pós-moderno levaria a um relativismo que *negaria* totalmente a ciência e o progresso?

Para Lyotard, a ciência é nada menos que outra série de narrativas, e não uma fonte de verdades. Essa posição se aproxima do conceito de "paradigma" científico, do filósofo científico Thomas Khun, uma "virada" revolucionária na perspectiva da ciência, que seus defensores mais radicais gostariam de ver como uma trama progressiva e ininterrupta – uma "grande narrativa".

DE MODO BASTANTE ILÍCITO, AS GRANDES NARRATIVAS SE DIZEM SER UMA FONTE DE SOLUÇÕES PARA TODOS OS PROBLEMAS SOCIOPOLÍTICOS. O MARXISMO E A CIÊNCIA SÃO EXEMPLOS GRITANTES DISSO.
SOMOS AGORA ENCORAJADOS A ADOTAR UMA ATITUDE CÉTICA DIANTE DELAS, COM O OBJETIVO DE MINAR SEU PODER E AUTORIDADE.
Kuhn
Lyotard
NÃO HÁ MAIS RECURSO PARA AS GRANDES NARRATIVAS...

como Lyotard proclamou em defesa de uma geração de céticos pós-modernos. A ideia era a de que as instituições que não fossem respeitadas não poderiam sobreviver indefinidamente, e, eventualmente, definhariam.

## ILUMINISMO, O "PROJETO INACABADO"

Muitos críticos discordaram dessa rejeição ao projeto iluminista. O filósofo alemão **Jürgen Habermas** (n. 1929), ele mesmo um produto da Escola de Frankfurt de teoria crítica, se destaca. Para Habermas, ainda vale a pena buscar os ideais do Iluminismo: a modernidade é um "projeto inacabado" que, apesar de todas as suas imperfeições, não deveria ser rejeitado.

EU CRITICO SEVERAMENTE A SUPOSIÇÃO DE QUE A MODERNIDADE DEVE SER VISTA COMO UM MOVIMENTO CULTURAL INTRINSECAMENTE AUTORITÁRIO, OU DE QUE A RAZÃO DEVE SER CONSIDERADA NOSSA INIMIGA.
Habermas
OS PENSADORES PÓS--ESTRUTURALISTAS FRANCESES, DERRIDA, FOUCAULT E LYOTARD, FORAM PARTICULARMENTE CRITICADOS POR ELE NESSE SENTIDO.

Habermas defende a ideia de **consenso**, à qual os teóricos pós--modernos viraram as costas em sua obsessão pela diferença ou "dissenso". Este último sendo considerado por ele como politicamente suspeito, promotor da divisão da nossa cultura, em contraposição a uma abordagem pragmática dos problemas sociopolíticos.

# O PROBLEMA DO JUÍZO DE VALOR

A teoria crítica pós--estruturalista e pós--modernista levanta uma série de problemas sem solução relativos a juízos de valor. Lyotard é uma das poucas figuras advindas desse campo que se envolvem nessa questão com alguma minúcia. Os juízos de valor são problematizados em qualquer sistema de pensamento que questione a validade dos fundamentos do discurso, uma vez que tal juízo tende a levar a um relativismo autodestrutivo...

EU APELO AO "PAGANISMO" COMO UM MODO DE CONTORNAR OS PROBLEMAS DE JUÍZO DE VALOR EM UM UNIVERSO PÓS-MODERNISTA.
Lyotard

...SE TODA VERDADE É RELATIVA, ENTÃO TODA AFIRMAÇÃO EM SI SERÁ RELATIVA?
Habermas

VOLTA-SE A MINHA OBRA PRÁTICA PARA DESCOBRIR UM MÉTODO DE ÉTICA QUE NÃO PRECISE SER FUNDADO EM NENHUMA GRANDE NARRATIVA.

## PAGANISMO OU BENTHAMISMO

O paganismo exige que façamos cada juízo em uma base "caso a caso", sem nenhum sistema de regras abrangente que guie – ou gere coerção em qualquer sentido – nossas deliberações. "O juiz digno de seu cargo não tem um modelo de verdade que guie seus julgamentos", sustenta Lyotard. "A verdadeira natureza do juiz é a de pronunciar julgamentos, e, portanto, preceitos, e nada mais, sem padrão."

A JUSTIÇA NÃO É UMA QUESTÃO DE SEGUIR REGRAS, MAS DE FAZER UM JULGAMENTO EM QUE AS CIRCUNSTÂNCIAS OCORRIDAS APÓS O EVENTO SE PROVEM CORRETAS.

EXISTEM SIMILARIDADES A SEREM NOTADAS AQUI COM O MÉTODO UTILITÁRIO CONCEBIDO POR MIM, JEREMY BENTHAM (1748-1832).
O CONTEÚDO ÉTICO DE UMA AÇÃO É JULGADO EM TERMOS DE SUAS CONSEQUÊNCIAS, E NÃO POR REGRAS INVARIÁVEIS.
BENTHAM

O "*felicific calculus*" (do latim, cálculo da felicidade) de Bentham prescreve que a execução de uma ação deve sempre levar à "maior felicidade do maior número". Os dez mandamentos ("deverás" ou "não deverás", independentemente da consequência ou felicidade) ficam de fora.

Por mais sedutora que a ideia de tratar cada caso a partir de seus méritos venha a ser, o problema óbvio com tal sistema é o de que ele parece nos deixar à mercê dos caprichos pessoais do juiz (o que não acontece com os Dez Mandamentos).

OPERAR DE ACORDO COM UM MODELO "CASO A CASO" É BOTAR MAIS FÉ NO MODELO DE "BONDADE NATURAL" DA ESPÉCIE HUMANA DO QUE A HISTÓRIA PERMITE.
OS SERES HUMANOS NASCEM NATURALMENTE BONS, MAS SÃO CORROMPIDOS PELOS FALSOS VALORES DA SOCIEDADE.
Rousseau
TODA QUESTÃO PERTINENTE AO JUÍZO DE VALOR É O CALCANHAR DE AQUILES DO MOVIMENTO PÓS--ESTRUTURALISTA MODERNISTA.

O desejo de minar a instituição da autoridade e seu autoritarismo assumido recai rapidamente sobre tais objeções e alegações de arbitrariedade, embora seja possível apreciar a ideia geral que impulsiona a aspiração.

# PÓS-MODERNISMO A SERVIÇO DO CAPITALISMO

**Frederic Jameson** (n. 1934) argumenta que o afastamento do pós-modernismo da teoria generalizante da "grande narrativa" serve à causa do capitalismo. Para Jameson, o pós-modernismo é menos uma teoria propriamente dita e mais um sintoma de nosso impasse cultural atual, em que toda oposição ao capitalismo está sendo sistematicamente erradicada.

NÃO DEVERIA SER "SURREALISMO A SERVIÇO DA REVOLUÇÃO"?
O PÓS-MODERNISMO NÃO É A CULTURA DOMINANTE DE TODA UMA NOVA ORDEM SOCIAL, MAS O RESULTADO DE MAIS UMA MODIFICAÇÃO SISTÊMICA DO PRÓPRIO CAPITALISMO.
O CAPITALISMO CORRENTE TEM INVESTIDO PESADAMENTE EM NOVAS TECNOLOGIAS DIGITAIS, E AFIRMA QUE ESTAS VÊM CRIANDO UM NOVO TIPO DE SOCIEDADE "PÓS-MODERNA".
Jameson

O compromisso da velha ordem com a competição das grandes narrativas – socialismo *versus* capitalismo, por exemplo – pode, agora, ser descartado. Como Jameson ressalta, isso simplesmente nos deixa sem defesa contra o poder do capitalismo global. Jameson acredita, ainda, que a análise marxista da história é a correta, e que um "novo proletariado internacional" emergirá, enfim, para sobrepujar o capitalismo vigente e suas teorias pós-modernas.

# O EVENTO "CASO A CASO"

MINHA RECUSA EM ADOTAR UM SISTEMA DE CRENÇAS FIXO...
...TAMBÉM PODE SER VISTO EM FUNCIONAMENTO EM MEU CONCEITO DE "EVENTO".
PARA MIM, A EXISTÊNCIA É UMA SÉRIE DE EVENTOS DISTINTOS.
NÃO EXISTE UM PADRÃO OU PROPÓSITO SUBJACENTE PARA A EXISTÊNCIA...
DEVEMOS REAGIR A CADA EVENTO...
...NA MEDIDA EM QUE ESTE OCORRE...
...DE MODO TÃO CRIATIVO QUANTO POSSÍVEL,
...SEM PRÉ-CONCEPÇÃO.
DESCULPE... TIPO ERRADO DE LYOTARD.
O QUE DEVEMOS REJEITAR É QUALQUER ESQUEMA COMO O MARXISTA –
...COM SEU SISTEMA HISTÓRICO HEGELIANO E TOTALITÁRIO EMBUTIDO –
...QUE VÊ UM PADRÃO NAS INTERAÇÕES HUMANAS, LEVANDO A REVOLUÇÕES "INEVITÁVEIS" E UTOPIAS DO PROLETARIADO.

# A TECNOCIÊNCIA E O INUMANO

De acordo com Lyotard, o futuro está sempre "aberto". Ele é profundamente contrário a qualquer tentativa de fechar essa abertura. A "abertura" da crítica desconstrucionista de Derrida é muito semelhante nesse sentido. Daí a ruptura de Lyotard com o marxismo, e daí, também, seu criticismo tardio das forças da "tecnociência", as novas tecnologias agregadas pelas multinacionais.

A TECNOCIÊNCIA MULTINACIONAL TEM COMO OBJETIVO SUBSTITUIR SERES HUMANOS POR COMPUTADORES ONDE FOR POSSÍVEL, PARA EXERCER O MÁXIMO DE CONTROLE QUE PUDER SOBRE O AMBIENTE.

Lyotard chamou a esse processo de movimento em direção "ao inumano". Ele conclamou a humanidade a resistir a essa última tentativa de eliminar a **diferença** do mundo. Computadores – em oposição aos seres humanos – são inteiramente previsíveis e controláveis – e tampouco dados à revolução contra as autoridades!

---

Haraway

Por incrível que pareça, entretanto, algumas teóricas feministas – mais notadamente **Donna Haraway** (n. 1944) e **Sadie Plant** (n. 1964) – deram as boas-vindas à nova tecnologia como um meio de redesenhar o mapa de gênero e romper o padrão da superioridade masculina em nossa cultura.

Plant

# UMA RESPOSTA FEMINISTA AO INUMANO

PARA ESSAS TEÓRICAS, A ASSOCIAÇÃO COM A TECNOLOGIA SIGNIFICA ESCAPAR DO CONTROLE MASCULINO.
EU VEJO A INTERNET COMO UM ESPAÇO AMISTOSO PARA AS MULHERES A SER USADO EM FAVOR DO FEMINISMO.
Plant
EU APOIO QUE AS MULHERES SE TRANSFORMEM EM "CIBORGUES", MEIO HUMANAS E MEIO MÁQUINAS.
ONDE EU VEJO A AMEAÇA DO INUMANO, ELAS VEEM A POSSIBILIDADE DE LIBERTAÇÃO DE LIMITAÇÕES BIOLÓGICAS.

"Prefiro ser uma ciborgue a uma deusa", como Haraway declara provocativamente. Algumas críticas no interior do movimento feminista têm sido tão infelizes quanto as de Lyotard sobre esse afastamento da esfera do humano. Pode-se ver um "novo humanismo" se desenvolvendo nesses casos, para substituir o velho e desacreditado, com sua ênfase no individualismo competitivo.

# A SOCIOLOGIA DA SEDUÇÃO

Em um movimento similar ao de Lyotard, o sociólogo francês **Jean Baudrillard** (1929-2007) nos encoraja a usar a "sedução" nos sistemas, como método de minar sua presunção "masculinista" de autoridade.

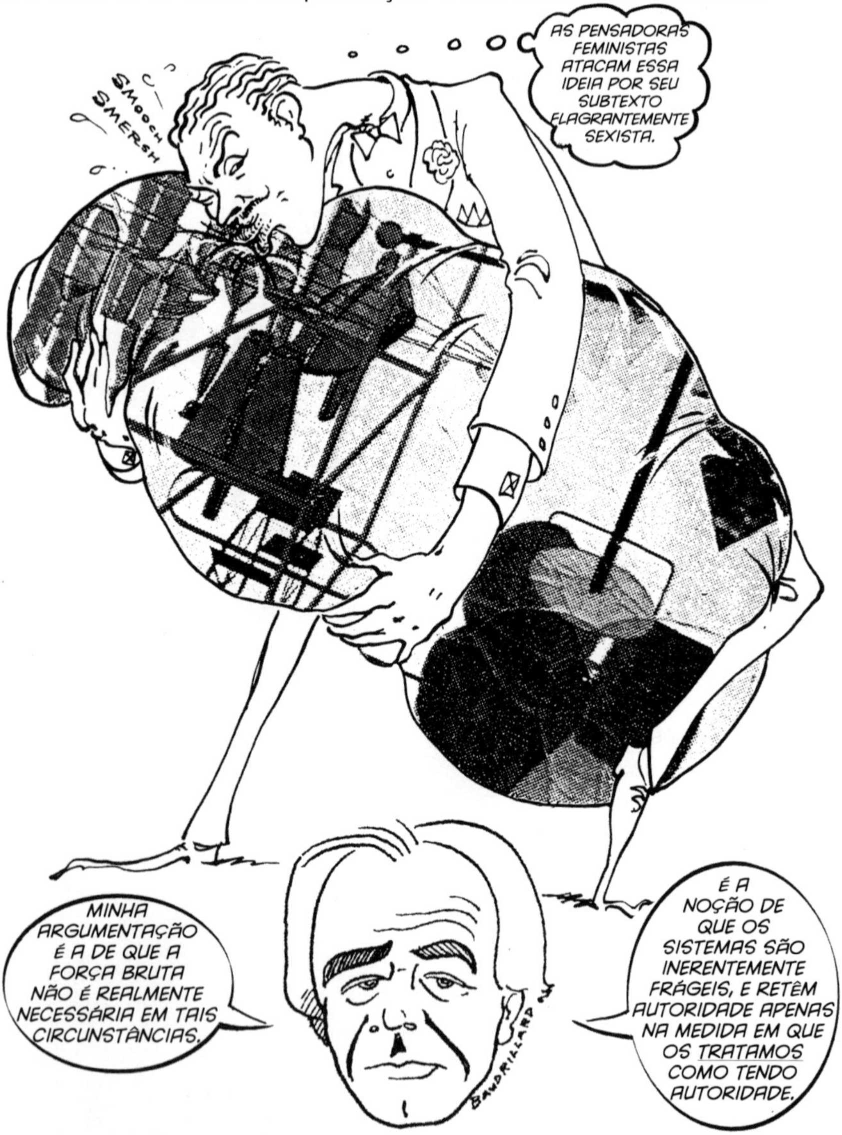
AS PENSADORAS FEMINISTAS ATACAM ESSA IDEIA POR SEU SUBTEXTO FLAGRANTEMENTE SEXISTA.
SMOOCH
SMERSH
MINHA ARGUMENTAÇÃO É A DE QUE A FORÇA BRUTA NÃO É REALMENTE NECESSÁRIA EM TAIS CIRCUNSTÂNCIAS.
É A NOÇÃO DE QUE OS SISTEMAS SÃO INERENTEMENTE FRÁGEIS, E RETÊM AUTORIDADE APENAS NA MEDIDA EM QUE OS TRATAMOS COMO TENDO AUTORIDADE.
BAUDRILLARD

Quando se *perder* o medo dos sistemas, qualquer controle sobre o indivíduo se perderá – os sistemas podem ser "seduzidos". Seria bom se fosse tão simples, embora na prática raramente o seja. Poderia-se perguntar como alguém conduziria uma "sedução" da força policial.

## CONTRA O FETICHISMO DA PRODUÇÃO MARXISTA

A obra de Baudrillard foi tão dura com as grandes narrativas de nossa época quanto a de Lyotard. O marxismo é rejeitado, por exemplo, por ser obcecado com a produção que rivaliza com a capitalista em seu pior caso.

UM ESPECTRO ASSOMBRA A IMAGINAÇÃO REVOLUCIONÁRIA – O FANTASMA DA PRODUÇÃO.
O ESCÁRNIO DE BAUDRILLARD GARANTIU O AUMENTO DA PRESSÃO SANGUÍNEA DO MARXISTA ORTODOXO MEDIANO.
ENQUANTO EU ADVOGO PELO CONTÍNUO ENVOLVIMENTO COM A POLÍTICA EM UM NÍVEL DE "PEQUENAS" NARRATIVAS, BAUDRILLARD SE TORNA CADA VEZ MAIS NIILISTA E APOLÍTICO À MEDIDA QUE SUA CARREIRA SE DESENROLA.
Lyotard

# UM MUNDO DE SIMULACRO HIPER-REAL

Baudrillard sustenta que agora habitamos um mundo de **simulacro hiper-real.**

ELE OBTEVE NOTORIEDADE AO INSINUAR QUE A GUERRA DO GOLFO, EM 1991, FOI UMA SIMULAÇÃO TELEVISIVA...
É EVIDENTE QUE A GUERRA DO GOLFO NUNCA ACONTECEU. QUERO DIZER QUE NÃO EXISTE NADA - NENHUM SENTIDO PROFUNDO OU OCULTO - POR TRÁS DO SIGNO.
BAUDRILLARD

Ele era atraído, no entanto, por "signos sem referentes, vazios, sem sentido, absurdos, elípticos". O futuro, aqui, não é muito aberto, alguns diriam, já que *vazio*.

# DISNEYLÂNDIA AMERICANA

Encontrar "signos sem referentes" é rejeitar discursos como o marxismo e transformar os juízos de valor, tanto políticos quanto estéticos, em mais ou menos sem sentido. Essa parece ser a mensagem advinda da obra recente de Baudrillard. O juízo de valor é criticado em um estudo intitulado *América* (1986) como uma preocupação essencialmente europeia pertencente ao passado.

QUALQUER NOSTALGIA QUE SE SINTA PELOS JUÍZOS DE VALOR É DESLOCADA. A ATRAÇÃO DA AMÉRICA CONSISTE NELA TER DEIXADO PARA TRÁS TAIS CONSIDERAÇÕES.

A América pós-moderna foi *além* do significado no domínio do "hiper--real". Baudrillard fala até na conveniência do "extermínio do significado" por meio da "violência teórica" – que certamente coloca o niilismo de seu pensamento em primeiro plano. A não ser, é claro, que seus exageros teóricos queiram provocar as nossas reações.

# QUANDO COMEÇOU O PÓS-MODERNISMO?

O pós-modernismo extraiu muito da obra do teórico de arquitetura americano **Charles Jencks** (n. 1939), que afirmou provocativamente que o modernismo morreu no exato momento em que um premiado modelo de arquitetura modernista, o complexo habitacional Pruitt-Igoe, em St. Louis, Missouri (um projeto de blocos de torres tipicamente "novo brutalista"), foi demolido.

CLARO, ESSE DESENHO É UMA REPRESENTAÇÃO SIMBÓLICA DESSA ARQUITETURA BRUTAL - ECA!!!
MAIS PRECISAMENTE, ÀS 15H32 DO DIA 15 DE JULHO DE 1972...
Jencks

# A DUPLA-CODIFICAÇÃO DO PÓS-MODERNISMO

Jencks é um crítico ilustre desse novo brutalismo modernista, que afirma que a arquitetura deveria ser capaz de funcionar em vários níveis simultaneamente, tornando-se tão atraente para o público em geral quanto para os profissionais do ramo.

EU DEFENDI A IDEIA DA "DUPLA-CODIFICAÇÃO", POR MEIO DA QUAL OS ARQUITETOS SE ENGAJAM EM UM DIÁLOGO COM O PASSADO. SEUS EDIFÍCIOS READQUIREM ALGUNS TRAÇOS FAMILIARES DE ESTILOS PASSADOS PARA QUE O PÚBLICO OS COMPREENDAM.

O objetivo era satisfazer, ao mesmo tempo, seus pares e o público, misturando estilos do passado e do presente em um estilo sintético. Desde então, essa se tornou uma prática arquitetônica bastante disseminada, como um olhar ao redor de praticamente toda cidade ocidental revelará de imediato hoje em dia.

# PASTICHE PÓS-MODERNO E IRONIA

Grande parte da arte e literatura pós-modernas adotou os princípios de dupla-codificação de Jencks. A ideia é "recortar e colar" formas familiares em um *pastiche* deliberado, em vez de experimentá-los formalmente à maneira do movimento modernista. Os pintores voltaram à arte representativa, os autores aos romances "realistas" – muitas vezes imitando deliberadamente o registro linguístico do passado, como nos romances de **Peter Ackroyd** (n. 1949).

O QUE REQUER QUE SE FAÇA COM CERTA DOSE DE IRONIA QUE FAÇA SABER A DIFERENÇA ENTRE O CONTEXTO CULTURAL DO PASSADO E DO PRESENTE.
ACKROYD
Ackroyd

Até mesmo no domínio da teoria pós-moderna pode-se ver tais princípios em funcionamento. Os novos historiadores – para não irmos longe – tentam criar um senso de diálogo com formas mais antigas de pensamento histórico.

## ANTIÉDIPO E ESQUIZOANÁLISE

Entre os teóricos mais ferozes do pós-modernismo encontramos **Gilles Deleuze** (1925-1995) e **Felix Guattari** (1930-1992), cujos escritos em *Antiédipo* (1972) são um ataque ao conceito de autoridade em geral e às teorias supostamente autoritárias do marxismo e do freudianismo em particular. A psicanálise, para eles, é um sistema repressivo que força os indivíduos a se adequarem a normas de comportamento restritivas. Deleuze e Guattari botam, em seu lugar, fé na "esquizoanálise".

O ESQUIZOFRÊNICO NOS APRESENTA UM MODELO DE RESISTÊNCIA À AUTORIDADE.
AO CONTRÁRIO DO "MODELO NEURÓTICO" DE FREUD, O ESQUIZOFRÊNICO SE RECUSA A SER FORÇADO A ADOTAR UMA IDENTIDADE SOCIAL CONSISTENTE.
É MUITO MELHOR TER UMA PERSONALIDADE MÚLTIPLA DO QUE UMA ÚNICA DISFUNCIONAL.
Deleuze
Guattari

"Édipo" se torna a abreviação de Deleuze e Guattari para o complexo de pressões sociais e institucionais por meio do qual a psicanálise tenta fazer com que nos ajustemos e reprimamos nossos desejos. Nem Freud, nem Lacan se saíram particularmente bem nesse exercício.

# REDES DE COMUNICAÇÃO ANTIEDÍPICAS

Em *Antiédipo* e, em sua sequência, *Mil platôs* (1980), Deleuze e Guattari colocam em ação uma série de estranhos conceitos destinados a minar nossa visão padronizada de mundo – “máquinas de desejos”, “corpos sem órgãos”, “rizomas” e “pensamento nômade”, por exemplo.

TODOS NÓS SOMOS MÁQUINAS DE DESEJOS, MAS VEMOS ESSES DESEJOS SENDO FREADOS POR “ÉDIPO” EM PRATICAMENTE TODO O CAMINHO.
AS MÁQUINAS DE DESEJOS SÃO MOVIDAS PELA ENERGIA LIBIDINAL E, PORTANTO, SÃO ENCARADAS PELAS AUTORIDADES - TAIS QUAIS AS QUE CONTROLAM ÉDIPO - COMO UMA AMEAÇA À ORDEM SOCIAL.

Os “corpos sem órgãos” são parte do processo pelo qual o desejo é reprimido. O capital, por exemplo, constitui o corpo sem órgãos do capitalismo: ou seja, seu componente estéril e improdutivo.

As “estruturas rizomáticas” são apresentadas como a base para o desenvolvimento de novas redes de comunicação. Sua atratividade para Deleuze e Guattari se baseia no fato delas operarem de maneira não hierárquica.

AS CONEXÕES PODEM SER ESTABELECIDAS ENTRE DOIS PONTOS QUAISQUER NA SUPERFÍCIE DE UMA ESTRUTURA RIZOMÁTICA - COMO NO CASO DOS BULBOS OU MUSGOS.
COMPUTADORES RHIZOMATIC LTDA.
ISSO REVELA POSSIBILIDADES CRIATIVAS ESTIMULANTES, UMA VEZ QUE ULTRAPASSA AS HIERARQUIAS ESTABELECIDAS.

A internet é vista pelos seus entusiastas como tendo uma forma de operação rizomática similar. Os ecos do conceito de rizoma também podem ser encontrados na “rede” e no “labirinto” semiótico de Umberto Eco. Os rizomas também foram o modelo de pensamento escolhido pelo filósofo **Ludwig Wittgenstein** (1889-1951).

## MANTENHA A SANIDADE – SIGA EM FRENTE

O “pensamento nômade” se torna o ideal para Deleuze e Guattari. Ele não se liga a nenhum sistema ou fonte de autoridade em particular. A autoridade, para eles, é inerentemente territorial e, portanto, inimiga do desejo, que não respeita o conceito de fronteira.

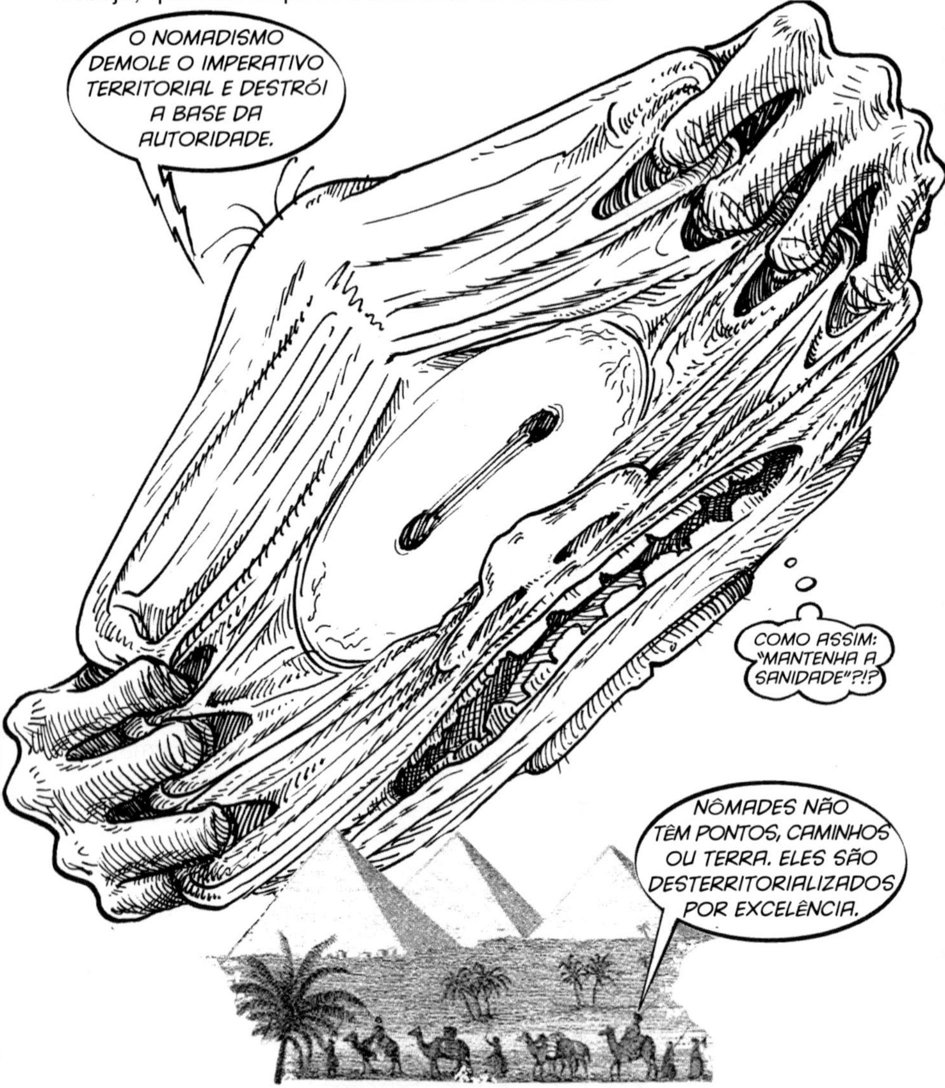
O NOMADISMO DEMOLE O IMPERATIVO TERRITORIAL E DESTRÓI A BASE DA AUTORIDADE.
COMO ASSIM: "MANTENHA A SANIDADE"?!?
NÔMADES NÃO TÊM PONTOS, CAMINHOS OU TERRA. ELES SÃO DESTERRITORIALIZADOS POR EXCELÊNCIA.

O que é o mesmo que dizer que os nômades simplesmente ignoram a autoridade – assim como Lyotard nos incita a fazer em *A condição pós-moderna*, por meio do desvio do olhar do território fixo das grandes narrativas.

# PÓS-MARXISMO: O COLAPSO DO MARXISMO

No fim do século XX, o marxismo começou a perder terreno no ocidente. O legado brutal da tirania comunista no Leste Europeu e na Ásia constituíram uma fonte crescente de embaraço para a esquerda ocidental. Uma posição conhecida como "pós-marxismo" era gradualmente desenvolvida.

Na prática, ela envolvia a rejeição da maior parte dos princípios do marxismo ortodoxo...

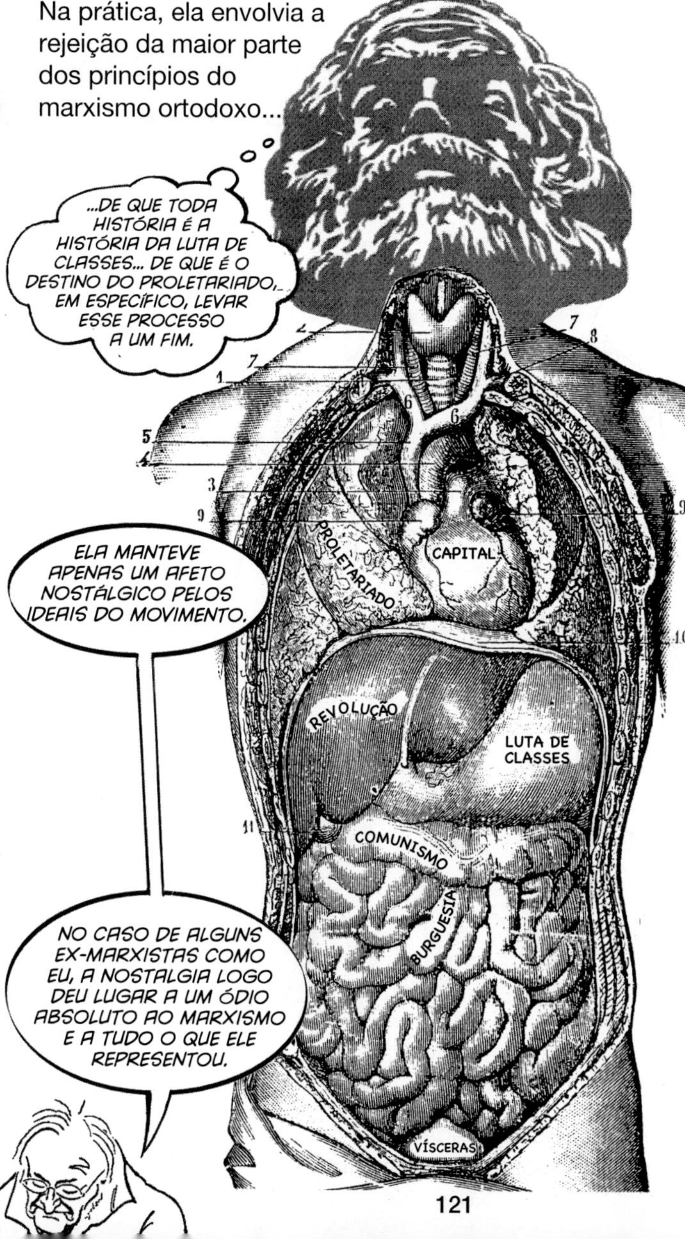

...DE QUE TODA HISTÓRIA É A HISTÓRIA DA LUTA DE CLASSES... DE QUE É O DESTINO DO PROLETARIADO, EM ESPECÍFICO, LEVAR ESSE PROCESSO A UM FIM.
PROLETARIADO
CAPITAL
REVOLUÇÃO
LUTA DE CLASSES
COMUNISMO
BURGUESIA
VÍSCERAS
ELA MANTEVE APENAS UM AFETO NOSTÁLGICO PELOS IDEAIS DO MOVIMENTO.
NO CASO DE ALGUNS EX-MARXISTAS COMO EU, A NOSTALGIA LOGO DEU LUGAR A UM ÓDIO ABSOLUTO AO MARXISMO E A TUDO O QUE ELE REPRESENTOU.

"Não há necessidade de se criticar Marx, e, se o fizemos, não se deve ver como uma crítica de modo algum... nós rimos da crítica", como Lyotard observou desdenhosamente em *Economia libidinal* (1974). Também não existe muita nostalgia nas atitudes de Foucault ou Baudrillard.

# UMA RESPOSTA PÓS-MARXISTA AO CAPITALISMO

Teóricos pós-marxistas, como **Ernesto Laclau** (n. 1935) e **Chantal Mouffe** (n. 1943), por outro lado, recorrem deliberadamente a uma ampla gama de pensamentos pós-estruturalistas, pós-modernistas e feministas para atacar os males da sociedade capitalista. Eles adotam uma atitude bem pragmática na construção de uma nova síntese teórica que use como base os ideais libertários do marxismo.

OS NOVOS MOVIMENTOS SOCIAIS ESPALHADOS PELO MUNDO - ECOLÓGICO, ÉTNICO, SEXUAL, FEMINISTA - INDICAM QUE O MARXISMO FOI ULTRAPASSADO.
Laclau
Mouffe
SUA MENSAGEM JÁ NÃO É MAIS RELEVANTE PARA AS ALTAMENTE MUTÁVEIS CIRCUNSTÂNCIAS SOCIOPOLÍTICAS.

Uma nova abordagem era desesperadamente necessária, caso se quisesse conter a marcha progressiva do capitalismo.

*Hegemony and socialist strategy* (1985), controverso estudo de Laclau e Mouffe, constituiu um grito de guerra em nome desses novos movimentos sociais, mais digno de apoio da esquerda do que o ultrapassado programa socialista do marxismo ortodoxo, comprometido com partidos e sindicatos centralizados.

LIBERATION
É PRECISO ALGO MUITO MAIS FLEXÍVEL NO NOVO CLIMA CULTURAL DO FIM DO SÉCULO.
UMA "POLÍTICA DEMOCRÁTICA RADICAL" LIVRE DOS DEBATES ESTÉREIS DA "VELHA POLÍTICA DE ESQUERDA".

## AS DEFICIÊNCIAS DA TEORIA MARXISTA

Laclau e Mouffe discordaram em especial do conceito de Gramsci de hegemonia. Um pouco mais que uma admissão de derrota face às lacunas problemáticas da teoria marxista. A hegemonia tenta explicar por que as previsões de Marx estavam demorando mais tempo para acontecer do que o prescrito em sua teoria.

VAI ACONTECER SE VOCÊ ESPERAR TEMPO O BASTANTE...
PARA NÓS, ESSE É UM CASO DE ARGUMENTO DE MISERICÓRDIA...
E REVISÃO AD HOC, DESTINADA A PROTEGER A AUTORIDADE DA TEORIA FACE À PERSISTENTE FALHA POR UM SÉCULO OU MAIS.

Obviamente, faltava algo à teoria *em si*, o que levou à sua falha em prever com precisão.

Havia falhas, por exemplo, nos conceitos de classe e consciência de classe marxista, que os tornaram ineficientes para a análise cultural. Havia também uma falha geral em reconhecer que o mundo havia se alterado de tal modo que muitas das crenças mais caras ao marxismo foram minadas.

COMO MARCUSE E MUITOS TEÓRICOS ANTERIORES JÁ HAVIAM APONTADO...
...AINDA ESPE-RANDO...
A CLASSE OPERÁRIA JÁ NÃO SE PARECE EM NADA COM SUA FORMA TRADICIONAL. NÃO SE PODE CONTAR COM ELA PARA LIDERAR O CAMINHO DE DERRUBADA DO CAPITALISMO.
GORZ

Para citar o título controverso do livro de um desses teóricos, **André Gorz** (1924-2007), este era o caso do *Adeus ao proletariado* (1980).

# ALÉM DO MARXISMO DOUTRINÁRIO

Os pós-marxistas em geral rejeitam a qualidade doutrinária do marxismo ortodoxo, que exige uma unidade de pensamento e crença inabaláveis – como a simbolizada pelo Partido Comunista – e uma hostilidade quase patológica à espontaneidade e ao individualismo. Conclama-se uma abordagem muito mais pragmática dos problemas culturais, livre dos preconceitos do pensamento marxista ortodoxo, que se recusa a admitir qualquer emenda às suas categorias filosóficas básicas.

A CLASSE OPERÁRIA DEIXOU DE EXISTIR TAL QUAL NO SÉCULO XIX.
ELA ESTÁ, AGORA, TÃO DIFUSA NA ERA PÓS-INDUSTRIAL QUE CARECE DE QUALQUER IDENTIDADE COERENTE E POTENCIAL REVOLUCIONÁRIO.
EU TENHO MUITA EXPERIÊNCIA COM CRIAÇÃO DE ROUPAS ESPORTIVAS.

Tais ideias, sugeridas por muitos pensadores pós-marxistas, insultavam os marxistas doutrinários. Os pós-marxistas, por outro lado, querem reter o espírito do marxismo despojado de sua complexa história de fracasso (de acordo com a maioria deles) e de sua inclinação autoritária.

# O ESPECTRO DE MARX

Um exemplo particularmente pertinente dessa tentativa – de reter o espírito sem o conteúdo desacreditado do pensamento marxista – pode ser encontrado em *Espectros de Marx* (1993), de Derrida.

O próprio Marx se torna um "espectro" que não podemos expelir de nossa consciência ou cultura. Seu legado continua a conter lições importantes para nós. Derrida afirma que não existirá "nenhum futuro sem Marx".
HÁ, AINDA, EXPLORAÇÃO ECONÔMICA ALASTRADA E CRESCENTE NO MUNDO - MAS NENHUMA INDICAÇÃO DE QUE ESTA ESTEJA PARA ACABAR.

As multinacionais estão no controle. A opressão política é, ainda, generalizada. Sua existência continuada exige uma resistência de esquerda que seja íntegra, assim como nos tempos de Marx.

# UM MARX PLURAL

MAS O MARX DE DERRIDA É, COMO ELE APONTA, "PLURAL".

Marx foi o primeiro a dizer que sua filosofia serviria de *abrigo* para circunstâncias históricas de mudança. Ele é, portanto, *enquanto pensador*, aberto a múltiplas interpretações, e não um conjunto fixo de doutrinas a ser seguido cegamente por acólitos, independentemente da situação política.

A FÉ PETRIFICADA ERA O QUE SE VIA COM FREQUÊNCIA NOS CÍRCULOS COMUNISTAS. EU APELO PARA A FUNDAÇÃO DE UMA "NOVA INTERNACIONAL", PARA CONTESTAR OS ABUSOS SOCIOPOLÍTICOS.

Mas essa será uma formação bem mais solta que a dos partidos comunistas do passado. Derrida descarta todas as obras da "máquina de dogmas" do Partido, por terem distorcido a mensagem original de **libertação** de Marx.

# O "FIM DA HISTÓRIA"

Em *Espectros de Marx,* Derrida está particularmente interessado em refutar a ideia – comum no início dos anos 1990, com a repercussão do colapso da União Soviética e seu império – de que, no fim, a democracia liberal havia triunfado sobre as outras formas de governo.

NÓS TESTEMUNHAMOS O FIM DA HISTÓRIA.
Foo Koo Yah Mah
ISSO SUPOSTAMENTE CONFIRMA O "FIM" DA HISTÓRIA DO CONFLITO IDEOLÓGICO ENTRE A ESQUERDA E A DIREITA – AS FORÇAS DE MUDANÇA E AS FORÇAS DE REAÇÃO – QUE MARCOU OS ÚLTIMOS SÉCULOS NA EUROPA. COMO SE ESSA HISTÓRIA TIVESSE SIDO RESOLVIDA...

O cientista político americano **Francis Fukuyama** (n. 1952) até mesmo escreveu um livro chamado *O fim da história e o último homem* (1992), sustentando essa afirmação. Para Derrida, isso acrescentava desinformação ideológica. "O 'espectro' de Marx continuará a nos assombrar", insiste Derrida, independentemente do que os ideólogos da democracia liberal venham a pensar. Mesmo que quiséssemos, não poderíamos simplesmente erradicá-lo de nossas consciências – e não devemos querer, afinal.

## NOSSA CUMPLICIDADE COM A IDEOLOGIA

Uma das figuras provocantes do pós-marxismo é o crítico cultural esloveno **Slavoj Žižek** (n. 1949). Ele desafia a premissa de que a ideologia é uma "conspiração" ao propor que todos, enquanto indivíduos, somos *cúmplices* no funcionamento da ideologia. A ideia de Žižek é a de que todos temos consciência das lacunas e contradições em nossa ideologia. Nós simplesmente fazemos vista grossa para elas a maior parte do tempo.

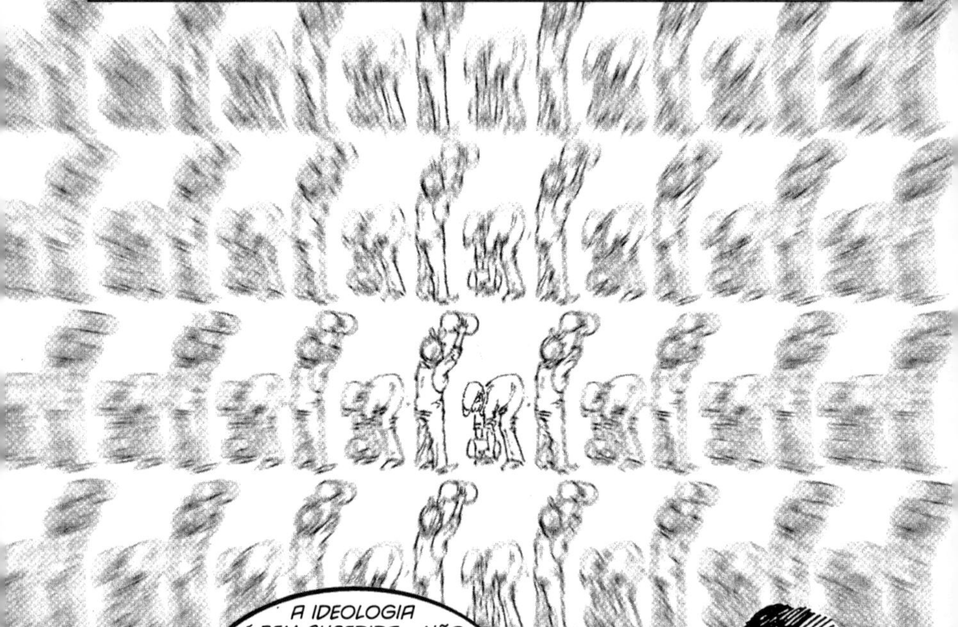
A IDEOLOGIA É BEM-SUCEDIDA – NÃO PORQUE ELA NOS "INTERPELA" A OBEDECER A SEUS COMANDOS COMO ROBÔS – MAS PORQUE NÓS QUEREMOS QUE ELA SEJA BEM-SUCEDIDA.

Nós *queremos* acreditar que vivemos sob um sistema de crenças consistente, e, com efeito, *interpelamos a nós mesmos* a fazer com que ele pareça assim.

Portanto, ao contrário dos pontos de vista de Althusser e Gramsci, o "sistema" só funciona porque nós fingimos para nós mesmos que funciona. *Nós* preenchemos as lacunas e disfarçamos as contradições, e não alguma elite política em nosso nome.

SE TODOS NÓS TRABALHARMOS JUNTOS...
... PODEMOS ABALAR TOTALMENTE O SISTEMA.
UMA VEZ QUE PERCEBAMOS QUE ESTAMOS FAZENDO ISSO FICA MUITO MAIS FÁCIL, É CLARO, QUESTIONAR O SISTEMA E INSTITUIR UMA MUDANÇA RADICAL.
ŽIŽEK

Assim como em Lyotard, a questão é retirar o apoio e torcer – ou pelo menos esperar – pelo colapso do sistema. Mais uma vez, seria bom se fosse simples assim. A crítica de Žižek ao menos tem o mérito de "fortalecer" as pessoas comuns, que normalmente são vistas como desamparadas e sob o controle de uma elite política.

# O NOVO HISTORICISMO

As teorias pós-estruturalistas e pós-modernistas são essencialmente anti-historicistas. Elas negam a existência de qualquer "grande" padrão na história como progresso constante em direção a um objetivo distante. Mas houve o retorno de alguns padrões no pensamento historicista nas últimas décadas do século XX que tomou a forma de "novo historicismo".

HÁ UMA SENSAÇÃO DE DIÁLOGO COM O PASSADO AQUI - NA TRADIÇÃO DA "DUPLA-CODIFICAÇÃO", MAS ESSE NOVO HISTORICISMO É, AINDA ASSIM, MUITO DIFERENTE DO ANTIGO.
O NOVO HISTORICISMO MUITAS VEZES BASEIA MUITO DE SUA ORIENTAÇÃO NOS PENSAMENTOS DE FIGURAS COMO FOUCAULT.

Os períodos históricos são tratados como lutas de poder, que deixam sua "marca" em toda a produção artística de seu tempo. Existe um eco da "teoria do reflexo" marxista aqui, como discutido anteriormente, embora de uma variedade muito mais sofisticada que a crua e materialista de Plekhanov.

O principal crítico novo-historicista americano **Stephen Greenblatt** (1937), em *Renaissance self-fashioning* (1980) e *Shakesperean negotiations* (1988), influenciou o desenvolvimento da teoria crítica no mundo anglo-americano. A obra de Greenblatt sobre literatura renascentista enfatiza que tal material está enredado nas lutas de poder de seu tempo.

AS PEÇAS DE SHAKESPEARE, POR EXEMPLO, CARREGAM A MARCA DESSAS LUTAS, MAIS DO QUE NOS OFERECEM UMA MENSAGEM INEQUÍVOCA SOBRE A "CONDIÇÃO HUMANA" QUE TRANSCENDA O SEU TEMPO.
ESSAS PEÇAS DEVEM SER CONSIDERADAS, AO CONTRÁRIO, "LUGARES DE DISSENSÃO", ONDE NARRATIVAS IDEOLÓGICAS QUE COMPETEM ESTÃO EM CONFLITO.
Greenblatt

Um aspecto muito imitado do método analítico de Greenblatt é a justaposição de textos literários e não literários para expor as lutas de poder de um tempo: um relatório policial ao lado de uma peça de Shakespeare, por exemplo.

# MATERIALISMO CULTURAL

O materialismo cultural está estreitamente ligado ao novo historicismo em estilo e método, e talvez seja melhor representado na obra dos críticos ingleses **Alan Sinfield** (n. 1941) e **Jonathan Dollimore** (n. 1948).

NÓS OPERAMOS A PARTIR DA PREMISSA BÁSICA "CULTURA É POLÍTICA", E USAMOS COMO BASE A FORMULAÇÃO ORIGINAL DESSE TERMO PELO TEÓRICO CULTURAL RAYMOND WILLIAMS (1921-1988)...
Dollimore
A "CULTURA" COMO ANÁLISE DE TODAS AS FORMAS DE SIGNIFICADO... NO INTERIOR DOS MEIOS E CONDIÇÕES REAIS DE SUA PRODUÇÃO.
Williams

Tanto Sinfield quanto Dollimore estudaram Shakespeare ostensivamente. Eles defendem com veemência uma leitura politizada das peças, em oposição a uma noção mais conservadora de Shakespeare como gênio universal isento das meras questões de ideologia (uma ideia que ainda prevalece na Grã-Bretanha).

## UM SHAKESPEARE POLITIZADO

Foucault é uma fonte evidente de influência nesses estudos.

AS PEÇAS DE SHAKESPEARE SÃO ANALISADAS EM TERMOS DE SEU LUGAR NO DISCURSO DE PODER NA ÉPOCA EM QUE FORAM ESCRITAS.
O PODER SE TORNA A AGENDA OCULTA QUE O CRÍTICO DEVE TRAZER À ATENÇÃO DA AUDIÊNCIA.
O "SHAKESPEARE POLÍTICO" SE TORNOU UMA IDEIA BASTANTE CONTROVERSA, E PROVOCOU MUITA AGITAÇÃO NOS ESTUDOS DA RENASCENÇA...
... E A CARACTERÍSTICA ANTAGÔNICA DA TEORIA CULTURAL RECENTE FICOU BEM EVIDENTE.

# A TEORIA DO PÓS-COLONIALISMO

*Orientalismo* (1978), do crítico palestino--americano **Edward Said** (1935-2003), impulsionou o desenvolvimento do pós--colonialismo como uma área significativa da teoria crítica. Seu estudo examinou o modo como o Oriente – nesse caso o que chamamos agora de "Oriente Médio" – foi representado na cultura ocidental como um "outro" misterioso, no qual o Ocidente projeta suas fantasias, sexuais e outras.
O ORIENTE É UMA FICÇÃO QUE SERVE APENAS PARA REPRESENTAR OS DESEJOS OCULTOS DA CULTURA OCIDENTAL...
DEUS, QUE PITÉU-ZINHO EXÓTICO!
ELA FOI FEITA PARA PARECER ERÓTICA, EXÓTICA E EXCITANTE.

Essa é uma área "alheia", onde a moralidade e a racionalidade ordinárias do Ocidente deixam de ser aplicadas. Um desejo por decadência pode ser saciado. Mas também existe algo a ser temido nessa área "incontrolável".

O Ocidente infantilizou deliberadamente o Oriente. Ele o fez não só ideologicamente, mas como uma desculpa para, precisamente, exercer controle político sobre o Oriente. “O orientalismo é um modelo ocidental para dominar, reestruturar e ter autoridade sobre o Oriente.”

A PARTIR DO SÉCULO XVIII, A LITERATURA E A ARTE OCIDENTAIS PASSAM A SER CÚMPLICES DESSE PROGRAMA DE SUJEIÇÃO COLONIAL.
BOOM!
QUALQUER CRÍTICA DIRIGIDA A ESSE FENÔMENO DEVE TER CLARA MOTIVAÇÃO POLÍTICA.

Sendo ele palestino, Said foi um líder no movimento pela autodeterminação palestina, e um crítico severo da política do Estado israelense em relação ao povo palestino.

# O ANTICOLONIALISMO DE FANON

Said inspirou-se no trabalho pioneiro do psiquiatra e teórico político **Frantz Fanon** (1925-1961). *Pele negra, máscaras brancas* (1952) explorou os modos como os povos negros colonizados internalizaram as ideologias de seus colonizadores brancos.

EU VERIFIQUEI COMO ESSAS IDEIAS "INTROJETADAS" LEVAM A VÍTIMA COLONIZADA A CONSIDERAR SUA PRÓPRIA NEGRITUDE COMO TENDO ASSOCIAÇÕES QUASE QUE INTEIRAMENTE NEGATIVAS.
Fanon

*Os ccondenados da terra* (1961) defende intransigentemente o uso da violência na causa contra o colonialismo. A revolução da Argélia contra a França, entre 1950 e 1960, tornou-se exemplar do que era preciso. Fanon foi um membro ativo da Frente de Libertação da Argélia (FLN) na época.

# HIBRIDISMO PÓS-ESTRUTURALISTA

Mais recentemente, a obra de **Homi K. Bhabha** (1949) também teve influência considerável sobre os debates pós-coloniais.

UMA DE SUAS IDEIAS CENTRAIS É O "HIBRIDISMO"...

... O VALOR DE MUDANÇA TRANSFORMACIONAL RESIDE NA REARTICULAÇÃO, OU TRANSLAÇÃO, DE ELEMENTOS QUE NEM SÃO UM (A CLASSE OPERÁRIA UNITÁRIA) NEM O OUTRO (A POLÍTICA DE GÊNERO), MAS ALGO ALÉM, QUE CONTESTA OS TERMOS E TERRITÓRIOS DE AMBOS.
Bhabha

Esse conceito de "algo além", com seus subtextos antiessencialistas, indica as influências pós-estruturalistas do pensamento de Bhabha.

# ESTUDOS SUBALTERNOS

**Gayatri Chakravorty Spivak** (n. 1941) é um membro importante do Grupo de Estudos Subalternos, na Universidade de Nova Déli. Ela é mais conhecida por ter introduzido as teorias pós-estruturalistas – em especial a desconstrução de Derrida – no debate pós-colonial.

EU ADVOGO PELA CAUSA DO FEMINISMO, ANALISANDO O MODO COMO AS MULHERES INDIANAS OCUPARAM UMA POSIÇÃO "SUBALTERNA"...
SPIVAK
... O QUE SIGNIFICA QUE SOMOS TÃO OPRIMIDAS PELA NOÇÃO TRADICIONAL DE PATRIARCADO QUANTO PELA DE COLONIALISMO.

Como formulado em um de seus ensaios: "O subalterno pode falar?". O conceito de "subalterno" foi definido primeiro por Gramsci, em 1934. O grupo de Nova Déli aplica o conceito à *dupla* opressão dos camponeses indianos, primeiro pelo colonialismo e, depois, pela própria elite política da Índia.

# A TEORIA COMO POLÍTICA SEXUAL

O FEMINISMO EXERCEU ENORME INFLUÊNCIA SOBRE A TEORIA CRÍTICA.
FEMINISMO
ELE DEMONSTROU UMA HABILIDADE AGUÇADA EM ABSORVER O QUE QUER DE TODA UMA GAMA DE OUTRAS TEORIAS - MARXISMO, DESCONSTRUÇÃO, PÓS-MODERNISMO, ETC. - ENQUANTO AINDA BUSCA UMA AGENDA CLARAMENTE DEFINIDA.
QUAL A NOSSA AGENDA? QUESTÕES COMO A NATUREZA E OS MECANISMOS DE OPRESSÃO MASCULINA...
ASSIM COMO A NATUREZA DA EXPERIÊNCIA FEMININA SOB ESSES MECANISMOS.
E, EM TERMOS CRÍTICOS, O DESAFIO A SER LANÇADO À DOMINAÇÃO MASCULINA EM ÁREAS COMO AS ARTES POR MEIO DA CONSTRUÇÃO DE UM "CÂNONE" FEMININO.

## UM CÂNONE LITERÁRIO FEMINISTA

No passado, os "cânones" de grandes obras literárias em geral eram ponderados em torno de figuras masculinas. O desafio feminista levou à recuperação e subsequente republicação – muitas vezes pela primeira vez, desde a edição original – de uma série de romances escritos por autoras femininas do século XVIII e XIX até então negligenciadas. Duas dessas obras recuperadas são *Mothers of the novel: 100 good women novelists before Jane Austen* (1986), de **Dale Spender** (n. 1943) e *A literature of their own: British women novelists from Brontë to Lessing* (1977), de **Elaine Showalter** (n. 1941).

ESSA CAMPANHA ENTUSIASMADA RECUPERA O PASSADO "ESQUECIDO" DAS MULHERES...
AÇÕES SEMELHANTES FORAM FEITAS NO UNIVERSO DAS ARTES, DA MÚSICA...
O "DISCURSO ENCOBERTO" DA ARTE PICTÓRICA E DA COMPOSIÇÃO MUSICAL FEMININA ESTÁ SENDO DESCOBERTO POR MUSICÓLOGAS E HISTORIADORAS DA ARTE FEMINISTAS.
Showalter
Spender

# FEMINISMO E MARXISMO

A chamada "segunda onda" do feminismo, dos anos 1960 e 1970 em diante, adotou uma postura acentuadamente mais militante com relação ao patriarcado do que a "primeira onda". Tal militância muitas vezes envolveu uma crítica pesada ao marxismo, considerado um aliado do patriarcado, ainda que inadvertidamente. A feminista americana **Heidi Hartmann** (n. 1945) disse a famosa frase sobre "o casamento infeliz entre o marxismo e o feminismo".

HARTMANN
AMEAÇAMOS NOS "DIVORCIAR" SE O MARXISMO NÃO ALTERAR SUA ATITUDE COM RELAÇÃO ÀS MULHERES...
... QUE, SOBRETUDO, DEIXA MUITO A DESEJAR.

Embora Hartmann ainda tivesse a esperança de que algum compromisso fosse estabelecido, de uma forma ou de outra, tendo em vista os pontos positivos do marxismo, várias de suas contemporâneas agiam como se o divórcio já tivesse acontecido – e não precocemente.

# FEMINISMO PÓS-MARXISTA

As próprias feministas marxistas se tornaram cada vez mais críticas do marxismo nas últimas décadas e, embora reconhecessem o alcance e poder da teoria, começaram a considerá-la um bastião de atitudes patriarcais que refreiam a causa feminista.

A TENDÊNCIA DO MARXISMO É SUBORDINAR AS QUESTÕES DE GÊNERO AO QUE ELE ENCARA COMO REFLEXÃO SOCIOPOLÍTICA MAIS IMPORTANTE E ABRANGENTE - A LUTA DE CLASSES.
A MAIORIA DAS FEMINISTAS MARXISTAS DE HOJE CONSIDERA ESSA SUBORDINAÇÃO COMO ALGO TOTALMENTE INACEITÁVEL.
O SISTEMA
NÓS DESEJAMOS COLOCAR A ÊNFASE NO LADO "FEMINISTA" DA EQUAÇÃO, E NÃO NO "MARXISTA".

Atualmente, o pensamento feminista em geral tem um viés pós-marxista. Ele não está mais disposto a esperar até que a "revolução" aconteça para que as questões de gênero sejam abordadas com seriedade. Algumas feministas foram mais longe, afirmando ser improvável que a revolução aconteça, *a menos que* as questões de gênero sejam resolvidas.

# A TEORIA DO GINOCRITICISMO

Entre as teóricas mais significativas da segunda onda do feminismo anglo-americano, na medida em que o desenvolvimento da teoria crítica é considerado, devemos citar como exemplos Elaine Showalter, **Kate Millett** (n. 1934), o grupo de **Sandra Gilbert** (n. 1936) e **Susan Gubar** (n. 1944) e **Ellen Moers** (n. 1928).

SHOWALTER CRIOU O TERMO "GINOCRÍTICA" PARA DESCREVER QUE USOS O PENSAMENTO FEMINISTA DEVERIA ESTAR FAZENDO DE SUA LEITURA LITERÁRIA...
Millett
GUBAR
GILBERT
OS "GINOTEXTOS" DEVERIAM SER O OBJETO DE NOSSA ATENÇÃO - NARRATIVAS QUE LIDAM ESPECIFICAMENTE COM VIVÊNCIAS FEMININAS.

O interesse principal da ginocrítica é traçar "a evolução ou leis de uma tradição literária feminina". A intenção explícita é revisar a história cultural de modo que as mulheres sejam resgatadas das *margens do discurso* onde o patriarcado historicamente tendeu a bani-las.

## CONTRA O PATRIARCADO

*Política sexual* (1970), de Kate Millett, teve impacto considerável no desenvolvimento do pensamento feminista da segunda onda. Sua denúncia de Freud levou a um intenso debate sobre sua influência no patriarcado.

SEU CONCEITO DE "INVEJA DO PÊNIS" É A PROVA DO VIÉS MASCULINISTA DE FREUD.
ÀS VEZES, A ESPADA É MAIS PODEROSA QUE O "PÊNIS".
GLUP!
PINK FREUD
MAS EXISTE TAMBÉM UM SUBSTANCIAL CORPO DE APOIO A FREUD DENTRO DOS CÍRCULOS FEMINISTAS.

A obra de **Juliet Mitchell** (n. 1940), *Psicanálise e feminismo: Freud, Reich, Laing e mulheres* (1974), é um "retorno a Freud" particularmente digno de nota de uma perspectiva crítica teórica.

Freud continua sendo uma espécie de campo de batalha para a teoria feminista. Ainda é amplamente discutido se ele avança ou retarda a causa das mulheres. Millett também enfatiza o papel patriarcalista exercido na literatura por romancistas como **D. H. Lawrence** (1885--1930) e **Norman Mailer** (1923-2007).

TAIS ESCRITORES GERALMENTE APRESENTAM IMAGENS NEGATIVAS DA MULHER, COMO NECESSARIAMENTE SUBORDINADA AO HOMEM.
LAWRENCE
MAILER

A literatura, de fato, tornou-se o principal terreno de pesquisa para a segunda onda feminista, e a representação da mulher, um de seus conceitos-chave.

## A MULHER EXCESSIVA

*The madwoman in the attic* (1979), de Gilbert e Gubar, usa como imagem de "mulher subordinada" o "estudo de caso" de Bertha Rochester, do romance *Jane Eyre* (1847), de Charlotte Brontë. Ela simboliza a vulnerabilidade feminina em uma sociedade patriarcal: uma vulnerabilidade não menos sentida pelas autoras que por suas leitoras.

SE AS MULHERES SE TORNAM EXCESSIVAS PARA OS PADRÕES MASCULINOS, ELAS SÃO SIMPLESMENTE ESCONDIDAS, DO MESMO MODO QUE A "LOUCA" BERTHA ROCHESTER FOI POR SEU MARIDO.
EM GERAL, ESSAS MULHERES SÃO CLASSIFICADAS COMO "HISTÉRICAS", DE MODO A JUSTIFICAR QUE SEJAM MALTRATADAS.

A louca no sótão vira um símbolo para a experiência feminina em geral sob o domínio do poder masculino.

# CONTRA O CÂNONE MASCULINO

O estudo de Ellen Moers, *Literary women* (1978), também é representativo do desejo crescente do feminismo anglo-americano de construir um cânone em torno de mulheres autoras. Ela se preocupa em – assim como o de Showalter e Spencer – estabelecer uma tradição literária especificamente feminina, que rompa com a influência repressora masculina no cânone.

O DECANO DOS CRÍTICOS NORTE-AMERICANOS, HAROLD BLOOM, PUBLICOU RECENTEMENTE SEU CÂNONE OCIDENTAL (1994) – E, SIM, ALGUMAS MULHERES FIGURAM NELE, MAS SÓ AQUELAS JÁ "CANONIZADAS" PELOS ACADÊMICOS MASCULINOS...
BLOOM
CLARO QUE ESSE É UM PROBLEMA, PORQUE, EM ESSÊNCIA, O CÂNONE MASCULINO FORMA A BASE DE MUITOS TÍTULOS ACADÊMICOS EM LITERATURA INGLESA.

A tradição que Moers e outras teóricas feministas buscam é uma que, reconhecidamente, lide com aspectos-chave da vivência feminina no decorrer dos últimos séculos – tais como maternidade e dependência econômica dos homens.

## "HEROINÍSMO" NA LITERATURA FEMININA

O interesse de Moers reside no "feminismo literário" ou, como ela o apelida memoravelmente, "heroinísmo". O heroinísmo consiste na elaboração pela escritora de "uma estrutura heroica para a voz feminina na literatura". O fenômeno pode ser datado a partir do fim do século XVIII e início do século XIX.

EU IDENTIFICO AUTORAS COMO MARY WOLLSTONECRAFT (1759-1797) COMO FUNDAMENTAIS PARA ESSE DESENVOLVIMENTO.
A LITERATURA GÓTICA FOI UM GÊNERO DE ÉPOCA EM QUE AS MULHERES ERAM MARCADAMENTE ATIVAS, COMO AUTORAS E LEITORAS.
Wollstonecraft

O gótico é um exemplo do que Moers chama de "heroinísmo itinerante", ou a "mulher picaresca", que permitiu que personagens femininos fossem testados fora da esfera doméstica e de sua falta de "aventura". Um potencial de desenvolvimento moral foi demonstrado por mulheres que talvez até mesmo tenham ultrapassado o dos homens.

# FEMINISMO FRANCÊS: *ÉCRITURE FÉMININE*

O feminismo francês é visivelmente mais teórico-orientado que o anglo--americano. Ele está especialmente atento ao fator da "**diferença**", que carrega o carimbo de Derrida. O conceito de *écriture féminine* (escrita feminina, em francês) lança um desafio direto aos pressupostos do patriarcado. O campo de batalha, nesse caso, é a linguagem. Para **Hélène Cixous** (1937), *écriture féminine* constitui uma maneira de escrever que capacita as mulheres a se apresentarem como *elas* querem, e não como os homens querem que elas sejam.

A MULHER DEVE ESCREVER A SI MESMA, ESCREVER SOBRE OUTRAS MULHERES E LEVÁ-LAS A ESCREVER...
MULHER DEVE ESCREVER MULHER. E HOMEM, HOMEM.

As diferenças entre sexos são tais, ao que parece, que eles mal conseguem conversar um com o outro. Cixous permite que determinados escritores homens – **Jean Genet** (1910-1986) em especial – venham a aspirar à condição de *écriture féminine*.

# O INDECIDÍVEL DA *ÉCRITURE FÉMININE*

UMA DIFICULDADE COM A CONCEPÇÃO DE CIXOUS DA ÉCRITURE FÉMININE RESIDE NA ABSOLUTA AMBIGUIDADE DO PRÓPRIO TERMO.
É IMPOSSÍVEL DEFINIR UMA PRÁTICA DE ESCRITA FEMININA, POIS ESTA NÃO PODE NUNCA SER TEORIZADA.
MAS É CLARO...
A MINHA CARA CIXOUS ESTÁ FLERTANDO COM O TERMO "INDECIDIBILIDADE", UMA CONSEQUÊNCIA DA CRÍTICA DESCONSTRUTIVA DO LOGOCEN-TRISMO.

A decisão do que se encaixa ou não sob a *écriture féminine* se torna, assim, um desafio considerável aos limites do autoritarismo. "Diferenças feministas" parecem valorizar a liberdade de manobra que tal imprecisão cria.

# A DIFERENÇA LEVA AO SEPARATISMO?

**Luce Irigaray** (n. 1932) foi uma proponente singular do feminismo da diferença. A identidade feminina é, para Irigaray, diferentemente da dos homens, bem difusa.

É INÚTIL, PORTANTO, CONFINAR AS MULHERES À DEFINIÇÃO EXATA DO QUE ELAS SIGNIFICAM. O MESMO SE APLICA À ÉCRITURE FÉMININE.
A ÉCRITURE FÉMININE FOI CRIADA PARA CAPTURAR ESSA DIFUSÃO E DIFERENÇA.
ESSA ÊNFASE NA DIFERENÇA DEIXA IRIGARAY VULNERÁVEL À ACUSAÇÃO DE ESSENCIALISMO BIOLÓGICO.
O PROBLEMA COM O ESSENCIALISMO BIOLÓGICO É QUE ELE NEGA A POSSIBILIDADE DE MUDANÇA SIGNIFICATIVA. MULHERES E HOMENS SÃO CONFINADOS ÀS SUAS RESPECTIVAS CONSTITUIÇÕES BIOLÓGICAS.

A consequência mais lógica de tal crença é o **separatismo** masculino, que, de fato, se tornou um movimento muito forte dentro do feminismo nas últimas décadas do século XX (com Irigaray como uma de suas defensoras mais vociferantes), embora sua influência esteja esmorecendo atualmente.

## DUAS DEFENSORAS DO FEMINISMO MODERNO

*O segundo sexo* (1949), uma obra clássica e pioneira de **Simone de Beauvoir** (1908-1986), determinou grande parte da agenda do feminismo moderno. Existencialismo e marxismo se combinam para desafiar uma sociedade que exige um comportamento "feminino" das mulheres, "construído" em oposição aos homens como o suposto sexo dominante. Não existe necessidade biológica ou psicológica para tanto. Tornar-se uma mulher significa ser doutrinada em certo código de comportamento que pode ser combatido.

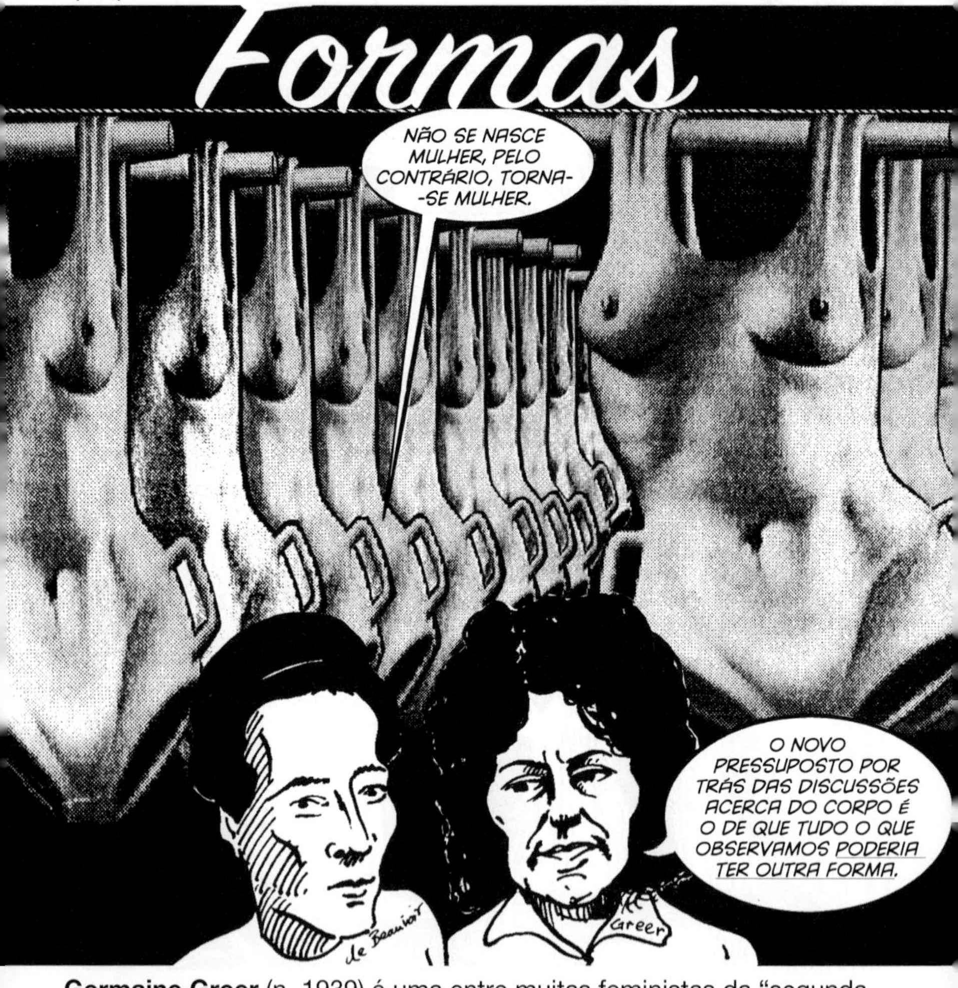
Formas
NÃO SE NASCE MULHER, PELO CONTRÁRIO, TORNA-SE MULHER.
O NOVO PRESSUPOSTO POR TRÁS DAS DISCUSSÕES ACERCA DO CORPO É O DE QUE TUDO O QUE OBSERVAMOS PODERIA TER OUTRA FORMA.
de Beauvoir
Greer

**Germaine Greer** (n. 1939) é uma entre muitas feministas da "segunda onda" inspiradas por Beauvoir. O livro de Greer, *The female eunuch* (1970), detalha como as mulheres foram ensinadas a moldarem seus corpos como objetos do desejo masculino.

Algumas feministas, como **Rosalind Coward** (n. 1952), queixam-se do que elas chamam de "femismo": a presunção de que a perspectiva feminina é por definição a única correta e, portanto, acima de qualquer crítica.

O ARGUMENTO ANTIFEMISTA APELA PARA UM FEMINISMO MAIS INCLUSIVO QUE NÃO DESCARTE TOTALMENTE A PERSPECTIVA MASCULINA.
COWARD
UM ARGUMENTO SEMELHANTE CONTRA O ESSENCIALISMO BIOLÓGICO PODE SER ENCONTRADO NA OBRA DE JULIA KRISTEVA.
EU ACUSO O FEMINISMO DA DIFERENÇA DE TER SE PERMITIDO AFUNDAR EM UM CULTO ESSENCIALISTA DA MULHER, QUANDO EU QUERO QUE ELE FALE EM NOME DE AMBOS OS SEXOS.

## PÓS-FEMINISMO E MUNDO FEMININO POSITIVO

Agora podemos falar de **pós-feminismo**. Ele se posiciona em relação ao feminismo de modo muito semelhante ao do pós-marxismo frente ao marxismo. O ataque ao femismo pode ser visto como um exemplo desse fenômeno em ação.

O PÓS-FEMINISMO REPRESENTA UM AFASTAMENTO DA CULTURA DE VITIMIZAÇÃO QUE TEM SIDO TÃO FREQUENTEMENTE CULTIVADA PELO FEMINISMO DA SEGUNDA ONDA...
DEVEMOS SAIR DE UMA CARACTERIZAÇÃO DE MULHER COMO "VÍTIMA" DO PATRIARCADO, DA SEXUALIDADE MASCULINA, ETC. EM DIREÇÃO A UMA IMAGEM MAIS POSITIVA, DA MULHER CAPAZ DE ESCOLHER ENTRE UMA GAMA DE ESTILOS DE VIDA.

## UM PARALELO COM O PÓS-MARXISMO

Embora seja um termo impreciso, o pós-feminismo representa uma espécie de reação contra as formas mais doutrinárias do pensamento feminista. Mas ele foi atacado, por sua vez, como sendo antifeminista. **Tania Modleski** (n. 1949), por exemplo, acusou as pós-feministas de "negarem a crítica e minarem os objetivos do feminismo – levando-nos de volta ao mundo pré-feminista".

MAIS UMA VEZ PERCEBEM-SE OS PARALELOS DESSES DEBATES COM OS DEBATES ENTRE MARXISTAS E PÓS-MARXISTAS.
EM AMBOS, AS ACUSAÇÕES DE "ALIANÇA COM O INIMIGO" SÃO MUITO COMUNS.
O PÓS-FEMINISMO TAMBÉM PODE SER COLOCADO SOB A RUBRICA DO PÓS--MODERNISMO.

A crítica do pensamento feminista ortodoxo constitui mais uma rejeição à "grande narrativa" – neste exemplo, a do feminismo de segunda onda com sua inclinação essencialista e suas simpatias separatistas. As pós-feministas partilham da tendência de suas contrapartes pós-modernista e pós-estruturalista de encarar seus predecessores como **autoritários**.

# TEORIA *QUEER* E IDENTIDADE SEXUAL

A teoria remete à natureza da identidade sexual. Nas palavras de **Judith Butler** (n. 1956), ela tenta "desestabilizar todo o sistema de regulação sexual" e as "oposições binárias, tais como gay/hetero". A própria Butler promoveu a ideia de gênero como "performance": "um tipo de personificação", como ela coloca.

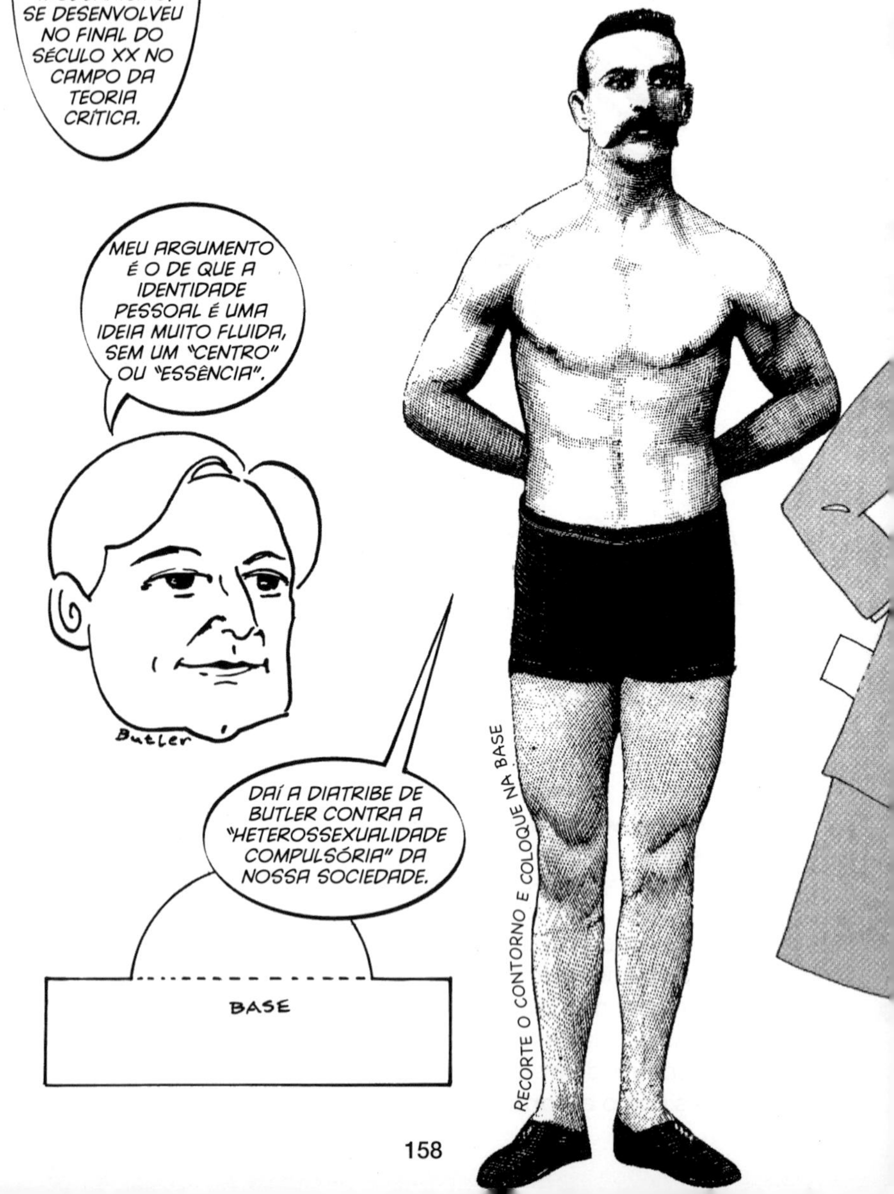
A TEORIA QUEER, FORTEMENTE INFLUENCIADA TANTO PELO DESCONSTRUTIVISMO COMO PELO PÓS-MODERNISMO, SE DESENVOLVEU NO FINAL DO SÉCULO XX NO CAMPO DA TEORIA CRÍTICA.
MEU ARGUMENTO É O DE QUE A IDENTIDADE PESSOAL É UMA IDEIA MUITO FLUIDA, SEM UM "CENTRO" OU "ESSÊNCIA".
Butler
DAÍ A DIATRIBE DE BUTLER CONTRA A "HETEROSSEXUALIDADE COMPULSÓRIA" DA NOSSA SOCIEDADE.
BASE
RECORTE O CONTORNO E COLOQUE NA BASE

BUTLER É COMPREENSIVELMENTE ATRAÍDA POR FENÔMENOS COMO O DAS "DRAGS", EM QUE AS IDENTIDADES DE GÊNERO SÃO ABERTAMENTE DESAFIADAS.
DOBRE AS ABAS
RECORTE O CONTORNO
A DRAG REVELA IMPLICITAMENTE A ESTRUTURA IMITATIVA DO GÊNERO PROPRIAMENTE DITO – BEM COMO SUA CONTINGÊNCIA.
A teoria *queer* pode ser vista como uma tentativa de escapar dos argumentos essencialistas de grande parte do movimento feminista. De fato, ela se propõe deliberadamente a cultivar o diálogo e a percepção de interesses em comum entre lésbicas e gays.
NESSE EXEMPLO, AO MENOS, O SEPARATISMO NÃO FAZ PARTE DA AGENDA.

## CRITICISMO NEGRO

A crítica negra é outro desenvolvimento recente da teoria crítica com uma agenda política específica a se buscar. Como a crítica feminista, ela está mais interessada em criar um cânone alternativo de escrita, desta vez baseado em escritores negros.

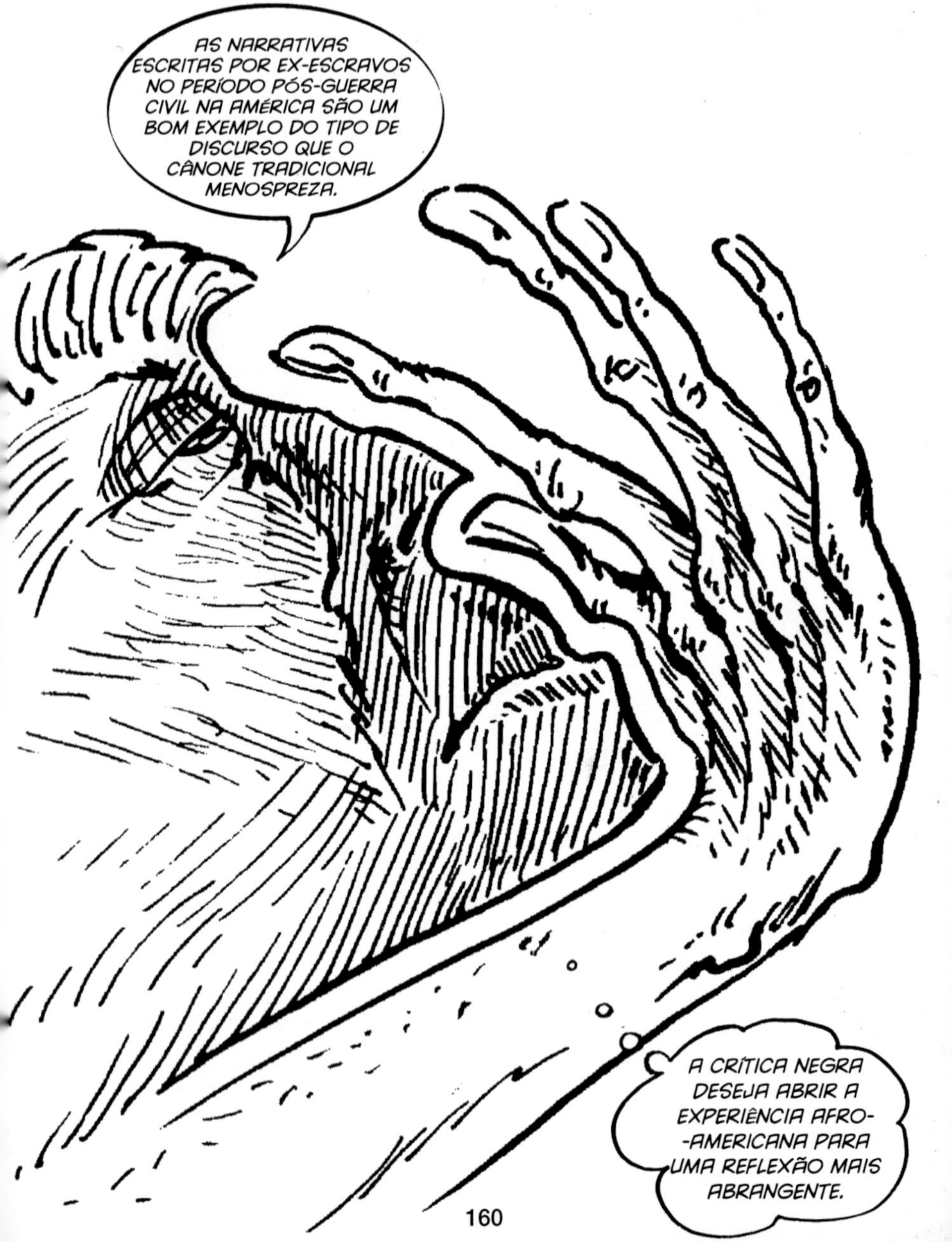
AS NARRATIVAS ESCRITAS POR EX-ESCRAVOS NO PERÍODO PÓS-GUERRA CIVIL NA AMÉRICA SÃO UM BOM EXEMPLO DO TIPO DE DISCURSO QUE O CÂNONE TRADICIONAL MENOSPREZA.
A CRÍTICA NEGRA DESEJA ABRIR A EXPERIÊNCIA AFRO--AMERICANA PARA UMA REFLEXÃO MAIS ABRANGENTE.

Uma das figuras mais influentes desse movimento tem sido **Henry Louis Gates, Jr.** (n. 1950). Ele se inspira ostensivamente no pós-estruturalismo e pós-modernismo em seus escritos sobre a tradição literária afro--americana. Em *A escuridão do escuro: uma crítica do signo e Macaco significador* (1988), Gates afirma que em geral existe um discurso oculto no próprio interior da escrita negra.

ESTE É, FREQUENTEMENTE, O CASO DOS AUTORES QUE "DIZEM UMA COISA" QUE SIGNIFICA "OUTRA BEM DIFERENTE".
GATES
ISSO É PARA NOS PROTEGER DAS OPRESSÕES FUTURAS DAS AUTORIDADES BRANCAS.
NESSE SENTIDO, O ROMANCISTA RALPH ELLISON (1914-1994) ESCREVEU DE FORMA MEMORÁVEL SOBRE O "NEGRO INVISÍVEL".

# CRITICISMO NEGRO FEMINISTA

Outra crítica teórica a fazer uso do pensamento pós-estruturalista pós--modernista em sua área de discurso crítico tem sido a feminista negra **Bell Hooks** (n. 1952). Em seu livro mais conhecido, *Ain't I a woman* (1981), Hooks ressalta que as mulheres negras são duplamente discriminadas culturalmente.

QUANDO SE FALA SOBRE OS NEGROS, O FOCO TENDE A SER EM HOMENS NEGROS...
QUANDO SE FALA SOBRE MULHERES, O FOCO TENDE A SER EM MULHERES BRANCAS.
bell hooks
O QUE SE ASSEMELHA À OPRESSÃO EM DUPLA--CODIFICAÇÃO DO CAMPONÊS INDÍGENA "SUBALTERNO".

A experiência das mulheres negras é vista como sendo um discurso suprimido que precisa ser esmiuçado pelo crítico. Retirando inspiração da teoria pós-moderna, Hooks clama pela construção de uma "política da diferença" em que "identidades negras múltiplas" tenham permissão para se expressar.

O PÓS-
-MODERNISMO NOS DIZ QUE NÃO HÁ UMA IDENTIDADE "NEGRA" ESSENCIAL MAIS DO QUE HÁ IDENTIDADES DE QUAISQUER OUTROS TIPOS.
SPIVAK

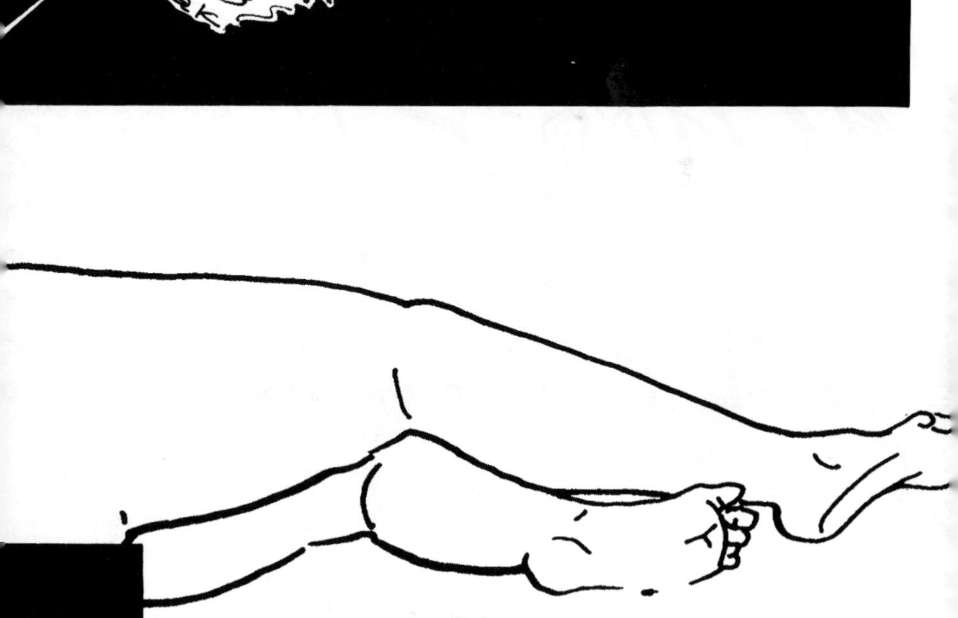

## TEORIA É PODER

Existe uma qualidade de oposição comum à teoria crítica passada e presente, que torna sua voz cultural potencialmente subversiva. A ênfase se dá no "crítico". Uma agenda política libertária de uma forma ou de outra sempre foi a força por trás da cena.

A TEORIA CRÍTICA RECENTE ALMEJA COLOCAR NOSSA CULTURA "SOB O MICROSCÓPIO".
... PARA IDENTIFICAR ESSAS RELAÇÕES DE PODER, OFEREÇA ALGUMAS ESTRATÉGIAS DE RESISTÊNCIA - E, ONDE FOR POSSÍVEL, MINE ESSAS RELAÇÕES DE PODER.
ELA VAI MUITO ALÉM DE APENAS FORNECER TÉCNICA DE ANÁLISE DE ARTEFATOS OU "TEXTOS" ARTÍSTICOS.

Mais que isso, ela constitui o princípio de intervenção baseado na política cultural. É possível que quanto mais "teorizados" nós formos, mais impacto nossas intervenções terão. Muitas vezes é ressaltado que "conhecimento é poder", mas pode-se dizer com a mesma facilidade que "teoria é poder" também, desde que você conheça o caminho através dela.

# TEORIA CRÍTICA E MUNDO PLURALISTA

A teoria crítica é um exercício inato. Ela nos apresenta uma gama de métodos e perspectivas possíveis para analisar não só artefatos culturais, mas também seu *contexto* – social, político, histórico, de gênero, étnico. O pluralismo é, em grande medida, o atual paradigma da cultura ocidental. A teoria crítica ajuda a reforçar esse fato, promovendo o debate entre várias leituras e "múltiplas interpretações".

A ABSOLUTA VARIEDADE DE POSIÇÕES POSSÍVEIS NO INTERIOR DA TEORIA CRÍTICA...
UFA!
TER EM MENTE SUAS QUALIDADES ALTAMENTE SINTÉTICAS – "FEMINISMO MARXISTA", "FEMINISMO DESCONSTRUTIVO", "FEMINISMO DA DIFERENÇA" – E POR AÍ VAI...
...É UM ARGUMENTO CONTRA O DESENVOLVIMENTO DE QUALQUER GRANDE NARRATIVA FUTURA ABRANGENTE.
MEDO
REPRESSÃO
ABOMINAÇÃO
FORÇAS OCULTAS
AVIDEZ
CULTURA
SEXISMO
A CORRUPÇÃO DO PODER RESIDE,
GANHO
LUXÚRIA
CLASSE
DINHEIRO
CORRUPTIBILIDADE
EXPLORAÇÃO
OPRESSÃO
RACISMO
DOGMA
HEGEMONIA

Nesse sentido, a teoria crítica ajuda a promover a causa do pluralismo democrático e, portanto, é uma parcela fundamental da cena política atual. **Teoria é poder.** Esse não é um mero exercício acadêmico para "mandarins intelectuais", mas uma perspectiva de consciência e um talento digno de ser desenvolvido por todos nós.

# LEITURAS COMPLEMENTARES

A lista abaixo compreende algumas introduções gerais à teoria crítica e a movimentos-chave nesse campo.

Barry, Peter. **Beginning Theory: An Introduction to Literary and Cultural Theory** (Manchester: Manchester University Press, 1995). Uma visão geral, bem organizada e de fácil utilização dos movimentos mais importantes, com ênfase no aspecto literário.

Culler, Jonathan. **Structuralist Poetics: Structuralism, Linguistics and the Study of Literature** (London and Henley: Routledge and Kegan Paul, 1975). Estudo abrangente do estruturalismo que, um quarto de século mais tarde, ainda se mostra atual.

Eagleton, Terry. **Marxism and Literary Criticism** (London: Methuen, 1976). Introdução sólida e concisa às figuras e debates mais importantes da área.

Gamble, Sarah, ed. **The Icon Critical Dictionary of Feminism and Postfeminism** (Cambridge: Icon Books, 1999). Estudo abrangente do desenvolvimento do pensamento feminista e seu impacto na cultura contemporânea, acompanhado de um glossário extensivo de personagens e temas-chave.

Moi, Toril. **Sexual/Textual Politics: Feminist Literary Theory** (London: Methuen, 1985). Uma das primeiras tentativas em inglês de capturar todo o espectro da teoria literária feminista, com cobertura tanto das abordagens anglo-americanas quanto da francesa.

Noris, Christopher. **The Deconstructive Turn** (London: Methuen, 1983). Defesa entusiasmada do valor da desconstrução, em especial da obra de Derrida.

Sarup, Madan. **An Introductory Guide to Post-Structuralism and Postmodernism** (Hemel Hempstead: Harvester, 1988). Exposição clara das questões mais importantes desses movimentos, com referência especial ao pensamento de Lacan, Derrida e Foucault.

Selden, Raman, e Widdowson, Peter. **A Reader's Guide to Contemporary Literary Theory** (Harvester: Hemel Hempstead, 1993 - revised edition). Introdução geral, muito valorizada e amplamente usada em graduação literária.

Sim, Stuart, ed. **The Icon Critical Dictionary for Postmodern Thought** (Cambridge: Icon Books, 1998). Estudo abrangente do impacto do pós-modernismo nos principais discursos da cultura ocidental, com um glossário extenso dos principais conceitos e personagens envolvidos no desenvolvimento do pós-modernismo.

Sim, Stuart. **Post-Marxism: An Intellectual History** (London: Routledge, 2000). Relato abrangente do desenvolvimento das linhas de discordância no interior do marxismo, dos estágios iniciais dos movimentos até a emergência do pós-marxismo.

Sim, Stuart. "Structuralism and Post-structuralism" e "Marxism and Aesthetics" em Oswald Hanfling, ed. **Philosophical Aesthetics: An Introduction** (Oxford: Blackwell, 1992), pg. 405-439 e 441-471. Dois ensaios com base histórica delineando os conceitos e interesses mais importantes na teoria crítica estruturalista, pós-estruturalista e marxista.

# GLOSSÁRIO DE TERMOS

**Alienação**: Muitos pensadores e artistas modernos declararam que o senso de alienação dos seres humanos é condição natural. Marx, por outro lado, afirmou que os indivíduos eram alienados uns dos outros pelo processo de desumanização do trabalho industrial.

**Aparelho ideológico do Estado**: Termo de Louis Althusser para todas aquelas instituições, tais como os sistemas educacional e legal, as artes, a mídia, que servem para transmitir e reforçar os valores da ideologia dominante.

**Aparelho repressivo do Estado**: Termo de Louis Althusser para as forças, tais como a da polícia e do exército, com que as classes dominantes contam para forçar seu controle sobre a sociedade – por meio de violência, se necessário.

**Arqueologia**: O nome dado por Michel Foucault a suas pesquisas históricas de discursos ocultos da sociedade ocidental (como sua história suprimida da homossexualidade). O objetivo dessa arqueologia era mostrar que a cultura ocidental era baseada mais nas relações de poder do que nos conceitos idealistas, como verdade ou justiça natural.

**Atratores estranhos**: Na teoria do caos, a força subjacente que controla um dado sistema. O tempo, por exemplo, é considerado como tendo um estranho atrator que dita seus padrões. O exemplo mais extremo de atrator estranho é o do buraco negro, que absorve toda a matéria com a qual entra em contato.

**Aura**: De acordo com Walter Benjamin, a qualidade singular que diferencia uma obra de arte de sua reprodução. Um fator crítico no desenvolvimento dessa aura é a própria história cultural do artefato – seu sentido de pertencer a uma determinada tradição.

**Base/superestrutura**: Na teoria marxista clássica, a sociedade é feita de uma base econômica, ou infraestrutura, e uma superestrutura, que compreende todas as outras atividades sociais e culturais humanas. Cabe à base ditar a forma que essas atividades – religião, lei, política, educação, mídia, artes, etc. – tomarão.

**Carnaval**: Mikhail Bakhtin via a instituição do carnaval como um modelo de subversão da autoridade sociopolítica no modo como ela parodia as classes dominantes. O gênio cômico de Rabelais, para Bakhtin, era um exemplo primoroso da aplicação do espírito do carnaval à literatura.

**Ciborgue**: Combinação de humano e máquina (o termo é uma contração de “organismo cibernético”). Na obra de Donna Haraway, esse conceito é celebrado como uma maneira de escapar das limitações humanas, em especial as de gênero.

**Comunidade interpretativa**: Para Stanley Fish, uma comunidade interpretativa constitui o corpo de acadêmicos trabalhando em uma disciplina crítica cujas práticas coletivas estabelecem os critérios de interpretação. Essas práticas podem mudar no decorrer do tempo, e a comunidade deve ser pensada como similar ao conceito de paradigma (q.v) de Thomas Khun.

**Consciência de classe**: A sensação de pertencer a uma classe social específica, cujos interesses em comum criam um sentido de solidariedade em seus membros. Os marxistas acreditam que quando o proletariado, por exemplo, alcança uma consciência de sua situação de explorado, então, forma-se a base para a revolução social.

**Corpo sem órgãos**: Termo usado por Gilles Deleuze e Felix Guattari para descrever o complexo de forças de nossa sociedade que se esforça em reprimir a expressão do desejo individual. O capital, por exemplo, é tratado como o corpo sem órgãos do capitalismo.

**Desterritorialização**: Gilles Deleuze e Felix Guattari consideram a autoridade institucional como tendo uma mentalidade iminentemente territorial. As tentativas de se contestar os limites impostos pelas instituições, portanto, contam como atos de desterritorialização. O pensamento nômade (c.v.) é um exemplo de tal comportamento transgressor.

**Dialética negativa**: Tanto a dialética hegeliana como a marxista apresentam um conflito entre tese e antítese que se resolve na criação de uma nova tese. Para Theodor Adorno, entretanto, a dialética falhou em resolver suas contradições internas, com novas teses simplesmente começando um novo ciclo de conflito. As dialéticas eram de qualidade negativa em vez de positiva.

**Dialogismo**: Mikhail Bakhtin concebia o sentido como um processo constante de negociação entre indivíduos de uma dada sociedade; ou seja, como "dialógico". Em vez de ser fixo, o significado é plural e sempre aberto à reinterpretação – o mesmo pode ser dito de qualquer narrativa.

**Diferença**: No pensamento pós-estruturalista e pós-modernista a diferença é sempre enfatizada em detrimento da unidade, sendo considerada um aspecto das relações humanas. Sistemas e textos são considerados como internamente marcados pela diferença e incapazes de alcançar a unidade: eles se prestam a múltiplas interpretações.

***Différance***: O neologismo cunhado por Jacques Derrida para descrever o modo como as palavras falham em alcançar significados fixos em alguma instância. O significado é sempre indeterminado para Derrida – tanto "diferenciado" quanto "referenciado" – e *différance* é o movimento no interior da linguagem que a impede de ser de outro modo.

***Differend***: Termo de Jean-François Lyotard para uma disputa insolúvel, em que cada lado se inicia a partir de premissas incomensuráveis. Um empregador e um empregado debatendo direitos do trabalhador seria um exemplo; colonizador e colonizado debatendo direitos de propriedade seria outro. Tradicionalmente, o que acontece é que o lado mais forte impõe sua vontade ao mais fraco.

**Discurso**: Na obra de Michel Foucault, o discurso constitui uma prática social governada por um conjunto consentido de convenções. A medicina é um discurso, assim como a lei, ou qualquer disciplina acadêmica. Os discursos são fundados em relações de poder e funcionam mais ou menos como paradigmas (q.v) em Thomas Kuhn.

**Dupla-codificação**: Termo de Charles Jencks para descrever como a arquitetura pós-moderna deve trabalhar; ou seja, atraindo tanto um especialista quanto o público geral. A arquitetura modernista deu amostras evidentes de ter falhado em realizar esse propósito, restringindo sua atratividade apenas aos especialistas do ramo.

***Écriture féminine***: Feministas francesas tais como Hélène Cixous e Luce Irigaray afirmaram que as mulheres deveriam desenvolver um estilo de escrita singular, distanciando-se de propósito de modos patriarcais de expressão. Além de uma ambiguidade de significado, contudo, é difícil de especificar o que, realmente, o estilo envolve.

**Esquizoanálise**: O ataque de Gilles Deleuze e Felix Guattari à psicanálise freudiana os levou a desenvolver o conceito de esquizoanálise, em que a esquizofrenia foi tomada como modelo de como resistir aos métodos do psicanalista. As múltiplas personalidades do esquizofrênico frustraram o desejo psicanalítico de transformar os indivíduos em socialmente conformistas.

**Estranhamento**: O processo pelo qual a linguagem literária torna o cotidiano desconhecido para o leitor. Ao "tornar estranhos" os aspectos de nosso mundo, os autores nos forçam a notar o que normalmente não recebe nossa atenção por nos parecer óbvio. O conceito foi cunhado por Viktor Shklovsky.

**Estrutura profunda**: Na teoria estruturalista, considera-se que os sistemas tenham estruturas profundas que ditam como eles operam. Roland Barthes, por exemplo, propõe uma estrutura subjacente de regras para a narrativa. Outra maneira de pensar em estruturas profundas é como algo semelhante a um programa genético.

**Femismo**: Teoria que assume a superioridade da mulher. O termo sugere um tipo reverso de sexismo, em que o preconceito sempre reside na posição da mulher.

**Ficção escrevível**: Termo de Roland Barthes para a ficção que não impõe uma leitura específica de um texto pelo leitor, e que o convida a interpretações alternativas. No cânone de Barthes, o modernismo é o estilo de escrita que melhor alcança esse objetivo desejável.

**Ficção legível**: Termo de Roland Barthes para a ficção que impõe uma leitura em particular do texto sobre o leitor, e tenta fechar as alternativas de interpretação. O romance realista do século XIX, com suas tramas cuidadosamente trabalhadas em mensagens morais explícitas, é um exemplo típico desse estilo de narrativa.

**Ginocrítica**: De acordo com Elaine Showalter, o próprio objeto das críticas feministas é o texto que se concentra na vivência feminina, ou "ginotextos". O interesse da ginocrítica é traçar o desenvolvimento de uma tradição literária especificamente feminina, desafiando, com isso, os relatos patriarcais da história da literatura.

**Grande narrativa**: Na obra de Jean-François Lyotard, uma grande narrativa constitui uma teoria explicativa geral que não admite oposição substancial a seus princípios. O marxismo é um exemplo, o humanismo liberal outro, com a ideologia em geral tendendo a operar em tais narrativas de modo autoritário.

**Hegemonia**: Na teoria marxista (em especial na obra de Antonio Gramsci), a hegemonia explica como as classes dominantes exercem domínio sobre todas as outras classes por meio de uma variedade de significados aparentemente "consensuais", incluindo o uso da mídia para transmitir seu sistema de valores.

**Heroinísmo**: A literatura por autoras, em que as protagonistas mulheres são colocadas em situações que testam seu caráter e que exigem delas que mostrem um comportamento heroico para sobreviverem. O termo foi criado por Ellen Moers, para quem as novelas góticas do século XVIII foram um exemplo de "heroísmo itinerante".

**Heteroglossia**: Termo de Mikhail Bakhtin para descrever a natureza intertextual (v.v) dos romances. O romance é uma forma bastante flexível e aberta, capaz de fazer referência a uma multiplicidade de discursos culturais. Bakhtin viu isso como subversivo, uma vez que resistiu às forças de unificação (ou seja, conservadoras) operando no interior da maioria das culturas.

**Heterossexualidade compulsória**: Alegação de que a heterossexualidade é vista como a norma sexual nas sociedades ocidentais, com todas as outras práticas sexuais sendo tratadas como desvios. Michel Foucault, Judith Butler e a teoria *queer* afirmam que isso inibe a expressão integral de nossas naturezas sexuais.

**Hibridismo**: O conceito de hibridismo figura bastante na teoria pós-colonial. Para Homi K. Bhabha, ele representa uma condição entre estados (algo entre identidade de operariado e gênero, por exemplo) cuja virtude é de escapar do controle de qualquer um dos dois. Como tal, ele tem considerável potencial subversivo.

**Hiper-realidade**: Conceito de Jean Baudrillard para descrever a condição além do sentido que, para ele, resume a vida pós-moderna. Um fenômeno cultural como a Disneylândia não significa coisa alguma: ele nem é a coisa real nem uma representação do passado. Ele é hiper-real – está além da compreensão ou da análise.

**Homologia**: A obra de Lucien Goldmann explora o modo como os textos literários podem expressar a visão de mundo de certos grupos contemporâneos sociais influentes com esses textos. Existe, em outras palavras, uma "homologia" entre o texto e o grupo, com o primeiro articulando as crenças do último com mais clareza do que ele consegue.

**Imaginário**: Na teoria lacaniana, o estado anterior à consciência de si dos infantes até os seis meses de idade. Lacan associa esse estado à mãe e nós o deixamos quando passamos para o reino simbólico (q.v) da linguagem e existência social, o que ocorre por volta dos dezoito meses.

**Interpelação**: O processo pelo qual a ideologia nos manipula de modo a nos ajustarmos a seus valores. Para Louis Althusser, era um caso da ideologia "gritando" para nós, quase como um policial chamando a nossa atenção. Nós reagimos a tais sinais de modo reflexivo, revelando, com isso, o sucesso da ideologia em nos condicionar.

**Intertextualidade**: Um termo que descreve o modo como todos os textos ecoam outros textos, e são, como teóricos como Mikhail Bakhtin e Julia Kristeva ressaltaram, "mosaicos de citações" e referências vindas de uma ampla variedade de fontes.

**Inumano**: Para Jean-François Lyotard, todos os processos que conspiram para marginalizar a dimensão humana em nosso mundo. Exemplos incluiriam o crescimento da informatização e, particularmente, o desenvolvimento de sistemas sofisticados e, por fim, criações robóticas de inteligência e vida artificial.

**Literalidade**: A qualidade que diferencia a linguagem literária de outras formas de uso de linguagem. Essa qualidade deriva, em grande parte, do uso altamente autoconsciente dos artifícios literários em textos literários e, de acordo com Roman Jakobson, é o próprio objeto de estudo dos críticos literários.

**Máquina de desejos**: Gilles Deleuze e Felix Guattari veem os seres humanos individuais como motivados pela necessidade de encontrar uma saída para sua energia libidinal: em sua terminologia, como "máquinas desejantes". Muito da sociedade moderna, de acordo com o ponto de vista deles, se dedica a suprimir essa saída.

**Materialismo dialético**: Na dialética hegeliana, a tese gera a antítese, com o conflito entre as duas resolvendo-se com a criação de outra tese ou síntese. Marx aproveitou esse esquema, mas o levou para o mundo material, onde ele se manifesta na luta de uma classe contra a outra. A solução chegaria em nossa época, quando o proletariado vencesse a burguesia.

**Metafísica da presença**: Jacques Derrida afirma que todos os discursos na cultura ocidental são baseados no pressuposto de que o significado integral das palavras está imediatamente "presente" para nós, em nossa mente, no momento em que as usamos. Para Derrida, essa "metafísica da presença" é ilusória: o sentido é sempre indeterminado.

**Metanarrativa**: Outro nome para grande narrativa (q.v). Jean-François Lyotard usa os termos de modo intercambiável em sua obra mais conhecida, *A condição pós-moderna* (1979).

**Modelo linguístico**: Modelo de Ferdinand de Saussure de como a linguagem funciona – um sistema com suas próprias regras de gramática internamente consistente – que foi apropriado pelo movimento estruturalista, que o aplicou a todo e qualquer fenômeno. A questão central da análise estruturalista, a partir disso, se tornou isolar e catalogar a gramática de qualquer sistema que estivesse sendo estudado.

**Morte do autor**: Um conceito criado por Roland Barthes para descrever o processo através do qual os textos assumem vida própria depois de materializados pelo autor. Consequentemente, eles se tornam a província do leitor, que não está mais limitado por quaisquer que sejam as intenções do autor.

**Narratologia**: O estudo de como as narrativas funcionam em termos das relações entre seus elementos estruturais. Estruturalistas como Barthes, em seu desejo de estabelecer uma gramática geral das narrativas, reduziram a narrativa a um conjunto de funções, especificando como elas se aplicam em cada gênero literário.

**Nomadismo**: O pensamento que não segue padrões estabelecidos ou respeita limites tradicionais (tais como os disciplinares). Para Gilles Deleuze e Felix Guattari, nomadismo é uma qualidade transgressiva que desafia a autoridade institucional, dado que a última é invariavelmente dedicada a proteger seu próprio "território" em particular.

**Orientalismo**: Termo de Edward Said para o modo como o Oriente Médio foi construído (por escritores e artistas, por exemplo) como o "outro" na cultura ocidental. No processo, o "Oriente" é apresentado como misterioso, sensual e irracional: qualidades que tendem a ser mal vistas pelo Ocidente.

**Paganismo**: Jean-François Lyotard afirmou que o paganismo era o estado em que os julgamentos eram alcançados sem a referência a regras e convenções preexistentes, mas, ao contrário, em uma base "caso a caso". O julgamento de um caso não estabelecia precedente para outro.

**Paradigma**: Uma estrutura de pensamento que dita o que conta como investigação aceitável em um campo intelectual. Thomas Khun encarava a história científica como consistindo de uma série de paradigmas, cada um incomensurável com seu precedente, com revoluções periódicas, quando um paradigma substituiu outro.

**Pequena narrativa**: O oposto de grande narrativa (q.v), pequenas narrativas compreendem grupos de indivíduos de mentalidade semelhante que tentam subverter o poder das grandes narrativas. As pequenas narrativas permanecem em uma posição de oposição e se recusam a permitir que sejam transformadas em ideologias autoritárias como as que elas estão rejeitando.

**Pluralismo**: O compromisso com as interpretações múltiplas e a rejeição da ideia de uma autoridade central inquestionável, seja em questões críticas ou políticas. Os pluralistas se recusam a privilegiar uma interpretação de um texto ou posição ideológica, e encorajam a diversidade.

**Projeto do Iluminismo**: O movimento cultural, advindo do período Iluminista do século XVIII, enfatiza o papel da razão nas questões humanas e é comprometido com o progresso material e a libertação da humanidade da servidão política. A cultura moderna é baseada em suas premissas.

**Realismo crítico**: Termo de Georg Lukács para as narrativas literárias que demonstram como o sistema econômico forma o caráter humano. No caso do capitalismo, este encoraja o desenvolvimento da competitividade e o autointeresse. Lukács não exige que o autor condene essa prática, mas que simplesmente a torne aparente para o leitor.

**Realismo socialista**: Uma teoria estética imposta aos artistas na União Soviética a partir do início dos anos 1930. Ela exigia que as obras de arte atraíssem um público popular e, onde fosse possível (tanto nas artes visuais como nas literárias), contivessem uma mensagem socialista explícita.

**Rizoma**: Para Gilles Deleuze e Felix Guattari, o rizoma se tornou um modelo de como os sistemas deveriam se desenvolver em termos ideais. Estrutura rizomáticas (como os tubérculos ou musgos) podem fazer ligações entre dois pontos quaisquer em uma superfície; um processo que esses pensadores consideravam inerentemente criativo e antiautoritário.

**Sedução**: O método de Jean Baudrillard para subverter sistemas é baseado na ideia de submetê-los à "sedução" ou "enfeitiçamento", em vez de recorrer aos métodos mais comuns de ação política aberta ou à revolução.

**Semiologia**: Ferdinand de Saussure previu o desenvolvimento da semiologia – "a ciência dos signos" – em seu *Curso de linguística geral* (1916). A própria linguagem, na formulação de Saussure, é um sistema de signos (q.v.) que opera de acordo com uma gramática subjacente. Presume-se que todos os sistemas de signos funcionem de acordo com esse modelo linguístico.

**Semiótica**: Embora ela seja usada de forma intercambiável com semiologia (q.v.), para significar a "ciência dos signos", a semiótica também passou a se referir à forma com que um dado sistema de signos opera. Portanto, fala-se de semiótica do cinema ou da moda.

**Signo/Significante/Significado**: Para Ferdinand de Saussure, a linguagem é feita de signos, que consistem de um significante arbitrário (palavra) e um significado (conceito), reunidos em um ato de compreensão na mente do indivíduo. O signo comunica sentido, que na linguística saussureana é considerado como uma entidade estável.

**Simbólico**: Na teoria lacaniana, o estado que sucede ao imaginário (q.v.), por volta dos 18 meses na vida da criança. O simbólico é o reino da linguagem e existência social. Lacan o identifica com o mundo adulto "masculino". As feministas veem isso como uma porta de entrada para a repressão.

**Simulacro**: De acordo com Jean Baudrillard, os signos não mais representam um significado profundo ou oculto (como a luta de classes), mas apenas a si mesmos. Nós vivemos em um mundo de simulações que não *possuem* um sentido profundo a ser descoberto. A Disneylândia é um bom exemplo de tal simulação.

**Subalterno**: Estar em uma posição subalterna é estar em uma posição culturalmente inferior, portanto, sujeito à opressão dos grupos localizados em posição de poder no interior da ideologia dominante (como mulheres, em geral, são por homens, ou os colonizados por seus colonizadores).

**Teatro épico:** Uma teoria da dramaturgia desenvolvida pelo dramaturgo Bertold Brecht que exigia que, em vez de fornecer uma ilusão da vida real, o teatro deveria tornar seus artifícios visíveis à plateia pelo "efeito de alienação". O teatro que assim o fizesse, pensava Brecht, seria crítica dos valores dominantes de sua sociedade.

**Teoria da complexidade**: A teoria da complexidade afirma que os sistemas físicos podem evoluir para níveis mais elevados de desenvolvimento, por meio da auto-organização espontânea. Esse fenômeno pode ser visto em funcionamento em organismos tão diversos quanto a consciência humana ou todo o universo – possivelmente até no interior das redes de computadores mais sofisticadas.

**Teoria da recepção**: Os teóricos da recepção se concentram na interação entre o leitor e o texto (sendo a resposta do leitor outro nome para a abordagem). O sentido textual é visto como emerso do engajamento do leitor com o texto, com alguns teóricos afirmando que o leitor é quase que inteiramente responsável pela criação desse sentido.

**Teoria do caos**: A teoria do caos enfatiza como os sistemas são sensíveis às mudanças em suas condições iniciais, e como isso torna seu comportamento imprevisível. Um dos aspectos mais perturbadores da teoria é que ela permite a presença simultânea da aleatoriedade e do determinismo no interior de seu sistema.

**Teoria da reflexão**: Os teóricos da reflexão pressupõem que os artefatos artísticos refletem a ideologia de sua cultura. Portanto, para o marxista Georgi Plekhanov, a arte de uma cultura burguesa não pode se furtar a revelar o caráter daquela cultura. A arte tem um papel cultural bastante passivo nessa perspectiva.

# Índice remissivo


Ackroyd, Peter 116
Adorno, Theodor 39-41, 46-8
afasia 59
alienação 16-7, 23, 24, 52, 55
Althusser, Louis 78-9
análise literária
  estética 58-9
  estranhamento 55
  formalismo 53-4
  pluralidade de sentidos 56-7
arquitetura 115
arte 49-51
  e comunismo 26-9
  estranhamento 55
  e formalismo 53
  e pós-modernismo 116
aura, teoria da 49-51
autoconsciência 10
autor 72-3
autoritarismo 87
autorrealização 16-7
Bakhtin, Mikhail 56
Barrow, John D. 100
Barthes, Roland 54, 70-4, 98
Baudrillard, Jean 110-3
Beauvoir, Simone de 154
Beckett, Samuel 35
Benjamin, Walter 35, 49-51
Bentham, Jeremy 104-5
Bhabha, Homi K. 139
Brecht, Bertold 35, 52
Breton, André 69
Brontë, Charlotte 81
burguesia 19
Butler, Judith 158-9
capitalismo 18-21
  atacado 122
  ideologia 38
  Marcuse 42-5
  e pós-modernismo 106
ciência 11-4
  autônoma ou construída? 14
  pós-moderna 100
Ciência pós-moderna 99
Círculo Linguístico de Moscou 58
Círculo Linguístico de Praga 58
Cixous, Hélène 151-2
Classe
  e marxismo 43-4
  luta de 18-19, 144
consenso 102
Coward, Rosalind 155
crítica, política da 5
crítico
  realismo 33
  teoria definida 39
cultural
  materialismo 134
  estudos 3
Dali, Salvador 69
Deleuze, Gilles 117-20
Derrida, Jacques 88-90, 127-9
desconstrução 48, 88-90
desejo 118
determinismo econômico 22
dialética 47-8
dialética negativa 48
*différence* 89
*differends* 97
Dollimore, Jonathan 134
dupla-codificação 115-6
Eco, Umberto 77
efeito no leitor 84-5
Escola de Frankfurt 34, 49
Espírito Absoluto 17
Espírito do Mundo 17, 31
esquizoanálise 117
estranhamento 55
estruturalismo 53, 64-83
estruturalismo genético 82-3
estruturas rizomáticas 119
estudo acadêmico 8, 10
Fanon, Frantz 138
Faulkner, William 35
feminismo 108-9, 141-57, 162-3
feminismo francês 151-4
feminismo literário 150
Fish, Stanley 84
formalismo 53
formalismo russo 53
Foucault, Michel 37, 91-5, 134
Freud, Sigmund 60-3, 146-7
Fukuyama, Francis 129
Gate, Henry Louis 161-2
Gilbert, Sandra 145, 148
ginocriticismo 145
Goldmann, Lucien 82-3
Gorz, André 125
gramática da narrativa 54
Gramsci, Antonio 36-7
grande narrativa 4, 40, 101, 106
  *ver também* narrativa
Greenblatt, Stephen 133
Greer, Germaine 154
Greimas, A.J. 54
Guattari, Felix 117-20
Gubar, Susan 145, 148
Habermas, Jürgen 102
Hamlet analisado 62-3
Haraway, Donna 108-9
Hartmann, Heidi 143
Hegel, G.W.F. 16-17, 31
hegemonia 36-8, 41, 91, 124
heroinísmo 150
heteroglossia 57
hibridismo 139
hiper-realidade 112-3
história
  das ideias 24-5
  e lógica 16-7
historicismo, novo 132-3
homossexualidade 93
Hooks, Bell 162-3
Horkheimer, Max 39-41
humanidades 8-10
humanismo 95
ideias, história das 24-5
identidade sexual 158-9
ideologia 9, 21, 37-8, 78-9, 130
imaginário 68
inconsciente 76
infraestrutura 21
intertextualidade 76, 77
Irigaray, Luce 153
Iser, Wolfgang 84
Jakobson, Roman 58
Jameson, Fredric 106
Jencks, Charles 114-5
Joyce, James 35
juízos de valor 4, 8, 103
  considerados inúteis 113
justiça 104-5
Kafka, Franz 34
Kristeva, Julia 57, 155
Kuhn, Thomas 11, 101
Lacan, Jacques 67-9, 76
Laclau, Ernesto 122-4
Lenin, V. I. 31
Lévi-Strauss, Claude 58-9, 71
linguagem 75, 76
  e estruturalismo 64-9
linguística 65

literatura
gramática da narrativa 54
*ver também* resposta do leitor
lógica 16-7
logocentrismo 88
Lukács, George 30-3, 32-5, 83
Lyotard, Jean-François 97-101, 103, 107-8, 120, 121
Macherey, Pierre 80-1
mais-valia 20
*Manifesto comunista, O* 18-21
Mann, Thomas 34
Marcuse, Herbert 39, 41-6
Marxismo 4, 15-59, 107
colapso do 121
razões para a falha 124-5
e feminismo 143-4
heranças do 23
rejeição 111, 113
escolas do 26
estrutural 78-81
ocidental 26
marxismo estrutural 78-81
marxismo ocidental 26
materialismo dialético 15-6
materialismo, *ver* materialismo cultural
mecânica quântica 12
metafísica 5
metáfora 59
metonímia 59
Millett, Kate 145, 146-7
modelos sintéticos 6-7
modernidade 96
Habermas 102
Modernismo
e Lukács 30-5
banido na Rússia 29
Modleski, Tania 157
Moers, Ellen 145, 149-50
Mouffe, Chantal 122-4
narrativa 54, 71, 74, 96-8
científica 100-1
narrativa científica 100
Negro
crítica 160-1
feminismo 162-3
nomadismo 120
nova esquerda 44
novo historicismo 132-3
oposição binária 90
orientalismo 136-7
paganismo 103
Plant, Sadie 108-9
Plekhanov, Georgi 27
pluralismo 165
política da crítica 5
pós-colonialismo 136
pós-estruturalismo 12, 85-7
desconstrução 88
pós-feminismo 156-7
pós-marxismo 121, 157
pós-modernismo 114-20
identidade negra 163
e capitalismo 106
grandes narrativas 96
e pós-feminismo 157
e ciência 12
projeto do iluminismo 96-102
proletariado 19
protesto estudantil 44-5
psicanálise 60-1, 117
e teoria crítica 62-3, 67-9
Rabelais, François 57
realismo socialista 28
refletividade 10
reflexionismo 27-8
relativismo 12, 100
revolução 36-7
e capitalismo 42
romance 56-7
Said, Edward 136-7
Saussure, Ferdinand de 64
Schoenberg, Arnold 46
Scott, Sir Walter 33
Segunda Guerra Mundial 40-1
semiologia, semiótica 58, 65
Barthes 70
Eco 77
Kristeva 76
separatismo 153
Shakespeare, William 73, 133
Shklovsky, Viktor 55
Shostakovich, Dmitri 29
Showalter, Elaine 142
significante/significado 64-6
signos, ciência dos 65
simbólico (Lacan) 68-9
simulacro 112
Sinfield, Alan 134
sistemas 75, 77, 110, 131
desconstrução dos 88
social 91
sistemas de signo 86
social
controle 91-2
ciências 8-10
totalidade 48
sociedade pós-industrial 43
Sokal, Alan 13
Spencer, Dale 142
Spivak, Gayatri C. 140
Stalin, Joseph 31
superestruturas 21, 26
supressão das mulheres 140
surrealismo 69
teatro épico 52
tecnociência 108
teoria da complexidade 12
teoria da recepção 84
teoria do caos 12
teoria do todo 3
teoria *queer* 90, 158-9
textos, análise de 62
Todorov, Tzvetan 54
totalidade 48
utilitarismo 104-5
vanguarda 45-6
Williams, Raymond 134
Wittgenstein, Ludwig 119
Zhdanov, A.A. 28
Žižek, Slavoj 130-1

Este livro foi composto em Helvetica Neue LT Std
para LeYa em Agosto de 2013.